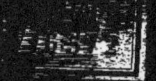

I0512833

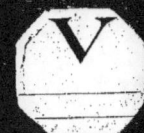

16572

ÉLÉMENTS
DE
PERSPECTIVE PRATIQUE
A L'USAGE DES JEUNES ÉLÈVES,

COMPRENANT,

La Perspective des Droites et des Courbes, celle des Ombres
et des lignes de réflexion dans l'eau.

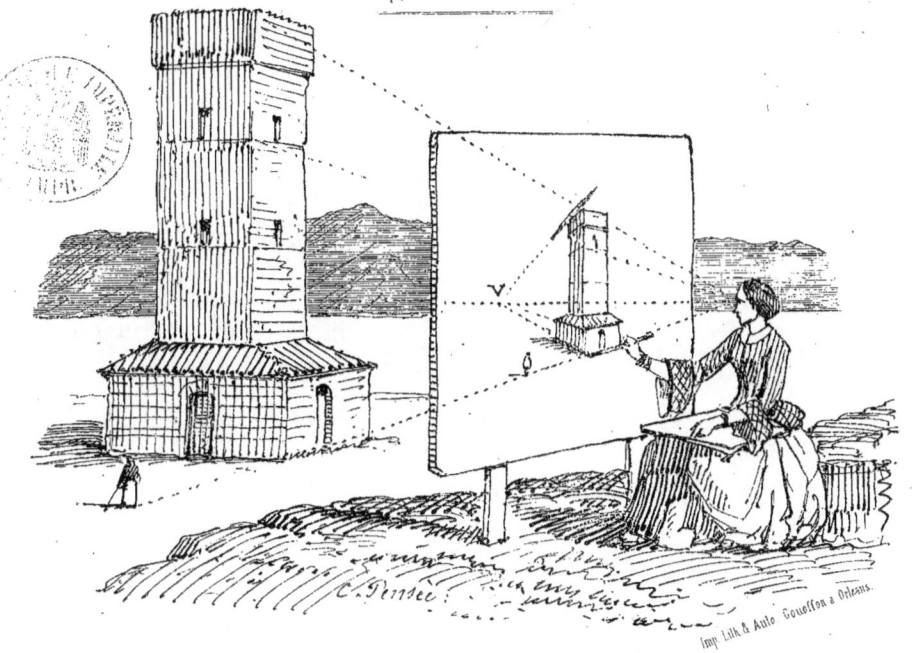

Par CH.^{les} PENSÉE,

Prof^r des Travaux Graphiques, au Lycée Impérial d'Orléans.

Chez l'auteur, Rue de la Bretonnerie, 13,
et chez les principaux Libraires.

ORLÉANS.
1858.
1857

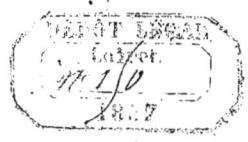

AVANT-PROPOS.

La Perspective sert de base à toute représentation des objets. La connaissance de ses principes est donc indispensable pour arriver à l'imitation exacte de ce qui s'offre à notre vue. Elle devrait sinon précéder, au moins marcher de front avec l'étude du dessin.

C'est particulièrement pour le genre du paysage que la perspective est non-seulement d'une utilité réelle, mais d'une nécessité absolue.

Quelles difficultés n'éprouve pas en effet un jeune dessinateur en présence de la nature; il trouverait un grand charme à remporter sur son album quelques souvenirs d'un long voyage ou d'une excursion à travers un pays pittoresque. Le plus souvent il n'apprend le dessin qu'en vue de cette ambition modeste; mais quand il cherche à reproduire un site avec goût et intelligence dans un simple croquis, il voit avec découragement ses efforts se perdre en d'inutiles essais, tandis que toutes ces difficultés et l'embarras qu'il éprouve à poser convenablement ses lignes disparaîtraient avec la connaissance des premiers élémens de la Perspective.

Rendre ces élémens aussi simples que possible, les présenter sous une nouvelle forme avec ordre et méthode, les analyser, en un mot, voilà le but que je me suis proposé dans ce nouveau travail. Je l'ai divisé en trois parties :

La première comprend la théorie de la perspective pour l'intelligence de laquelle la première planche a été disposée particulièrement avec deux retombées. Je recommande tout spécialement cette feuille à l'attention des jeunes élèves : elle seule suffit pour leur faire comprendre la perspective des droites, la feuille 7 celle des courbes. Plusieurs planches sont consacrées à des applications pratiques des principes établis dans la première partie du travail.

La deuxième partie a trait à la perspective des ombres.

La troisième à celle des lignes de réflexion dans l'eau.

Je n'ai pas eu la prétention de faire un traité complet de perspective : un pareil travail aurait dépassé mon but, celui-ci sera suffisant, je l'espère, pour aider les jeunes élèves dans leurs études sur la nature ou d'après les objets en relief. Les conseils du maître passent : ce petit traité les rappellera à la mémoire de ceux qui les oublieraient.

C. PENSÉE.

PERSPECTIVE.

Iʳᵉ PARTIE.

PERSPECTIVE DES DROITES.

La perspective linéaire a pour but de représenter sur une surface plane (ou courbe) les objets tels qu'ils se présentent à notre vue et examinés d'un point fixe.

Point visuel.   F. 2. — Ce point fixe, c'est l'œil du dessinateur; on l'appelle le **point visuel**.

Tableau.   F. 2. — La surface plane, ou le plan, c'est le **tableau** sur lequel on va dessiner les objets qui sont placés derrière lui. Le tableau, que nous supposons transparent comme une vitre, se trouve donc entre l'œil et les objets à représenter et dans une position verticale.

Plan perspectif.   F. 2. — On désigne sous le nom de **plan perspectif** celui sur lequel sont placés les objets qu'on veut dessiner et qui se trouvent derrière le tableau.

Qu'on se représente maintenant plusieurs lignes droites d'égale grandeur placées verticalement dans le plan perspectif à des distances diverses du tableau. Qu'arrivera-t-il? qu'elles seront d'autant plus petites qu'elles s'éloigneront du tableau, par la raison que l'**angle optique** sous lequel on considère chacune de ces lignes sera plus ou moins grand.

Angle optique.
Rayons visuels.   F. 1. — On entend par **angle optique** celui formé par les deux **rayons visuels** qui, partant de l'œil, sont dirigés aux deux extrémités de l'objet que l'on considère. Plus l'objet est éloigné de l'œil, plus l'angle sous lequel on le considère est petit; et plus il est rapproché, plus son ouverture est grande.

On s'apercevra que quand les lignes sont placées à des distances égales entre elles et égales aussi à l'intervalle qui se trouve entre le dessinateur et le tableau, on s'apercevra, dis-je, qu'il y a progression décroissante dans la valeur des angles optiques : que le premier angle est le plus grand, le second n'a que la moitié de sa valeur, le troisième le tiers, le quatrième le quart, ainsi de suite, et ce phénomène de la vision a lieu pour tous les objets quelconques ; par exemple quand on se trouve à l'extrémité d'un long corridor, ou quand on est dans une immense allée en ligne droite plantée d'arbres de chaque côté, les arbres semblent dans le lointain se réduire à un point.

Dimensions à donner au tableau. Sa position.

F. 2. —Le tableau peut avoir toute espèce de dimensions. Nous le supposons rectangulaire, c'est-à-dire ayant la forme d'un carré long. Il doit être séparé du dessinateur qui observe au moins à une fois et demie, ou deux fois ou trois fois au plus sa plus grande dimension.

On suppose toujours le plan du tableau prolongé indéfiniment.

Ligne de terre. Ligne d'horizon.

F. 2. — La base du tableau s'appelle **ligne de terre**; une autre ligne qui serait horizontale, par conséquent parallèle à la ligne de terre et qui serait tracée sur le tableau à la hauteur même de l'œil, s'appelle la **ligne d'horizon**.

Cette ligne d'horizon qui est d'une si grande importance dans les opérations de perspective, est une ligne unique dans un tableau ; c'est par elle qu'on détermine l'inclinaison à donner aux lignes fuyantes horizontales qui peuvent se trouver dans un tableau : telles sont les corniches des maisons, les dessus des croisées, les marches d'escalier, etc., etc., en un mot **toutes les lignes horizontales** qui ne sont pas parallèles au tableau.

Lignes fuyantes horizontales.

F. 2.— C'est sur cette ligne d'horizon que se placent les points de concours de toutes les **droites parallèles horizontales** qui font un angle quelconque avec le tableau.

Avant d'aller plus loin, faisons remarquer qu'en **géométrie** deux parallèles ne doivent jamais se rencontrer ; mais en **perspective**, au contraire, elles se rencontrent toujours par l'effet de la vision : de là les points de concours dont nous venons de parler. Deux cas cependant sont exceptés : le premier, quand les lignes sont verticales elles restent verticales en perspective ; le deuxième, quand les lignes parallèles sont situées dans des plans qui sont eux-mêmes parallèles au plan du tableau. Dans ces deux cas seulement elles restent constamment parallèles et peuvent être tracées avec la règle et l'équerre.

Point de vue.

Parmi les points de concours, il y en a trois qui jouent un rôle particulier dans la perspective des droites : c'est d'abord le **point de vue**, point unique où vont aboutir ou converger toutes les droites perpendiculaires au tableau, c'est-à-dire qui font avec ce dernier un angle droit, quelle que soit la position où elles se trouvent.

Deux points de distance. Les deux autres points de concours se placent l'un à droite, l'autre à gauche du point de vue, toujours sur la ligne d'horizon, à une distance de ce dernier point, égale à celle qui sépare le tableau du dessinateur. C'est pour cela qu'on les appelle **points de distance**.

Usage des points de distance. Les **points de distance** sont les poins de concours de toutes lignes fuyantes horizontales faisant avec le tableau un angle demi-droit ou de 45 degrés. Ils servent à déterminer la position des objets suivant leur éloignement du tableau.

Ainsi, pour se faire une idée de leur emploi, supposons qu'on veuille avoir sur le tableau la position perspective d'une ligne horizontale située à une distance de ce dernier, égale à la largeur même du tableau : il suffira de mener par une des extrémités de la ligne de terre une droite au point de vue, et par l'autre extrémité et le point de distance le plus opposé une ligne qui rencontrera la première au point cherché.

Points de concours. Toute ligne horizontale qui ne serait ni perpendiculaire au tableau, ni qui ne ferait pas avec lui un angle de 45 degrés, ira concourir sur l'horizon, mais à des points qu'on appelle simplement **points de concours**.

Mais comment détermine-t-on la place des points de concours en général ; comment apprécier à vue leur position dans le dessin d'après nature ?

Il suffit d'imaginer par l'œil une droite **parallèle géométrale** à la ligne ou aux lignes dont on cherche le point de concours. Cette droite qui n'est autre chose qu'un rayon visuel ira rencontrer le tableau ou son prolongement au point cherché sur la ligne d'horizon.

Parallèles géométrales. Qu'entend-on par parallèle géométrale? C'est une ligne réelle ou imaginaire qui, étant située dans un même plan qu'une autre droite, conserve constamment avec elle la même distance.

Lignes fuyantes non horizontales.
Points accidentels aérien et terrestre.
Toute ligne fuyante qui ne **serait pas horizontale** aura ses points de concours en-dehors de la ligne d'horizon. Ces points de concours sont désignés sous les noms d'**aérien** ou de **terrestre**, suivant qu'ils sont situés au-dessus ou au-dessous de la ligne d'horizon.

Moyen unique pour trouver les points de concours de toutes les lignes fuyantes.
Il n'y a qu'une seule et unique manière d'obtenir les points de concours de toutes les **lignes fuyantes, quelles que soient leurs positions**.

C'est, répétons-le ici, d'imaginer par l'œil une droite ou plutôt un rayon visuel parallèle à la ligne ou aux lignes dont on cherche le point de concours. Ce rayon visuel rencontrera le tableau ou son prolongement au point cherché.

Des Plans parallèles.   S'il s'agissait de plans parallèles à mettre en perspective, leur rencontre ne serait plus un point, mais une ligne, puisque l'intersection de deux plans est toujours une droite.

Pour la déterminer, il faudrait imaginer par l'œil un plan parallèle aux autres plans, sa rencontre avec le tableau ou son prolongement sera la trace commune à tous ces plans. Et si par ces divers plans il se trouvait des lignes fuyantes parallèles, elles auraient en perspective leur point de concours sur cette trace.

Echelle fuyante.   F. 5. — L'échelle fuyante, toujours formée de deux lignes allant aboutir à un même point, est destinée à apprécier les variations de grandeur des divers objets répandus dans le tableau, à quelque distance qu'ils s'y trouvent placés. BVY est une échelle fuyante.

PERSPECTIVE DES LIGNES COURBES.

La perspective des courbes s'obtient rigoureusement par la perspective des droites qui les circonscrivent.

La plus régulière de toutes les courbes planes (c'est-à-dire celles qui peuvent être tracées sur une surface plane), c'est la circonférence du cercle.

Cercle.   Le cercle en perspective a toujours la forme d'une ellipse, excepté dans deux cas : le premier, quand il se trouve dans un plan passant par l'œil, on le représente par une ligne droite ; le deuxième, quand il se trouve dans un plan parallèle au tableau, il conserve la forme du cercle et peut être tracé avec le compas.

Comme le cercle peut être inscrit dans un carré, il suffit de savoir mettre le carré rigoureusement en perspective pour y tracer régulièrement le cercle inscrit.

Croquis d'après nature.   D'après ce qui précède, il nous reste à indiquer comment on doit s'y prendre pour représenter un objet d'après le relief ou d'après nature, de manière à le mettre en perspective aussi exactement que possible.

Commencez par vous occuper d'un objet important sur lequel l'horizon doit passer, et appliquez-vous à lui donner les proportions convenables eu égard aux diverses parties que vous vous proposez de comprendre dans votre dessin. Cet objet servira de terme de comparaison.

Tracez alors faiblement votre ligne horizon, c'est sur elle que l'on fixera irrévocablement la direction des droites fuyantes horizontales. Pour trouver cette direction il faut placer devant soi son crayon ou son porte-crayon (**en le tenant dans un plan vertical**) de manière à lui faire couvrir une des lignes qu'on veut représenter. On s'apercevra où cette ligne du crayon prolongée vient rencontrer l'horizon; ce sera le point de concours de toutes les lignes qui pourraient lui être parallèles.

Lorsque les points de concours se trouvent sur le dessin même, on peut y fixer une épingle (verticalement) pour faciliter le tracé des droites qui viennent y aboutir.

Mais il arrive le plus fréquemment que ces points de concours sont placés en-dehors du tableau. La fig. 3 fera mieux comprendre ce qu'il convient de faire pour y suppléer.

Point de concours hors du Tableau. **F. 3.** — Soit un bâtiment sur l'angle, dont on a tracé à vue la direction des lignes de corniches OX et OU. Prolongez ces deux lignes jusqu'aux bords latéraux du cadre. Les hauteurs OI, MN et RS au-dessus de l'horizon sont égales perspectivement parlant; partagez chacune de ces hauteurs en parties égales, en quatre par exemple, joignez les divisions **1, 2** et **3** entre elles. Faites une semblable opération pour la partie du bâtiment comprise sous la ligne d'horizon, et vous obtiendrez la direction des lignes que vous cherchez.

Trouver la ligne d'horizon. L'embarras qu'on éprouve lorsqu'on commence à dessiner d'après nature pour fixer la ligne d'horizon nous engage à entrer dans quelques détails.

Si l'on est placé sur le bord de la mer et qu'on regarde du côté de la pleine mer, la limite des eaux est la ligne d'horizon.

L'horizon ne peut être que dans trois positions par rapport à un objet qu'on voudrait représenter. — Supposons que ce soit un cylindre droit de un mètre de hauteur :

Ou l'horizon passera par ce cylindre, alors le dessinateur estimera si c'est par le milieu, ou le tiers, ou le quart de ce solide que passe cette ligne;

Ou l'horizon sera plus élevé ou plus bas que ce solide, alors il faudra estimer et comparer l'intervalle présumé de cette ligne au solide avec le solide lui-même.

Ainsi, par exemple, si la ligne d'horizon est à un mètre au-dessus ou au-dessous du cylindre, et qu'on veuille le représenter dans son dessin en lui donnant seulement dix centimètres de hauteur, on placera l'horizon à 10 centimètres seulement au-dessus ou au-dessous.

Des Figures. Il ne faut pas oublier d'indiquer la hauteur à donner aux figures humaines à divers plans pour juger des proportions des objets répandus dans un croquis. Cette précaution est surtout indispensable pour estimer les dimensions des monumens, qu'on ne saisirait pas toujours bien sans cela.

Nous devons signaler un inconvénient dans lequel tombent presque toutes les personnes qui commencent à dessiner d'après nature, c'est celui de surcharger leurs croquis d'une infinité de détails inutiles qui rendent leur travail lourd et embarrassé.

Indiquer seulement les grandes masses dans les lointains par un trait fin et léger, dessiner l'architecture avec quelques détails lorsqu'elle est assez rapprochée de l'œil, enfin donner plus de vigueur aux objets à mesure qu'ils se rapprochent du premier plan, telle est la manière que nous conseillons d'adopter pour tracer un croquis d'après nature; mais ce n'est qu'après une certaine habitude, et surtout quand on a une connaissance suffisante des règles de la perspective, qu'on peut se flatter d'acquérir la facilité nécessaire pour faire promptement un croquis avec le sentiment particulier qui convient à ce genre de dessin.

Emploi du Porte-crayon dans le tracé à vue. Pour trouver le rapport d'une ligne avec une autre située dans un même plan, ou éloignée de la première, ou placée dans un sens différent, interposez votre crayon entre l'objet dont vous vous occupez et votre œil, de manière que l'extrémité de l'objet et un des bouts du crayon soient dans le même alignement avec l'œil. Faites glisser votre pouce sur le crayon jusqu'à ce qu'il soit arrivé à l'autre extrémité de la ligne à comparer. Comme vous aurez dû choisir la plus petite des deux lignes, vous la reporterez sur la plus grande autant de fois qu'elle pourra y être comprise. Cette mesure n'est rigoureuse que si l'on a le soin de tenir son crayon dans un **plan vertical** dont la distance de l'œil ne doit point varier pendant l'opération. Pour cela on peut étendre le bras dans toute sa longueur. (*Voir le dessin du titre.*)

EXPLICATION DES PLANCHES

concernant la 1ʳᵉ partie.

PERSPECTIVE DES LIGNES ET DES SURFACES DROITES.

Corridor.   **F. 4 bis.** — Lorsqu'on veut dessiner un long corridor dont les murs sont divisés par assises horizontales, on détermine rigoureusement la ligne d'horizon en examinant attentivement celle des assises qui ne paraît ni monter ni descendre. Cet examen se fait à l'aide du porte-crayon que l'on tient horizontalement devant soi. On place ensuite le point de vue.

Avenue plantée d'arbres.   **F. 4.** — Pour mettre rigoureusement en perspective une longue avenue dont les arbres seraient séparés les uns des autres de 10 mètres, par exemple, la largeur de la route étant de 20 mètres, on divisera la ligne de terre en deux parties égales, et par chacune d'elles on mènera des lignes aux points de distance D. Si l'on joint par des droites les extrémités de la ligne de terre, au point de vue, les rencontres de ces dernières avec celle menée au point de distance donneront la place de chaque arbre. Il suffit d'opérer sur un côté seulement. L'opération ne donnerait que la perspective des trois premiers arbres; pour les suivans on agirait de la même manière sur les lignes CD. FG, etc.

Longueur d'une ligne en perspective.   **F. 5.** — Pour trouver la longueur d'une droite horizontale ou verticale, il faut graduer la ligne de terre et les côtés latéraux du tableau. Veut-on avoir sur une droite AV, se dirigeant au point de vue, une longueur de 40 mètres? Par l'extrémité B de la ligne de terre, menez au point de distance une ligne qui par son intersection avec la première vous donnera une ligne perspective AX de 40 mètres. Il en serait de même pour une ligne verticale de 25 mètres, par exemple, il s'agirait simplement de mener des extrémités de la ligne BY des lignes au point de vue. Toutes les verticales comprises entre ces deux lignes seront toutes de la même longueur de 25 mètres.

Vue de front.   **F. 6.** — Un bâtiment vu de front est celui qui a une de ses faces parallèles au tableau, l'autre face qu'on appelle face fuyante a ses lignes horizontales qui se dirigent au point de vue.

Point accidentel aérien.

F. 6. — Si en dessinant d'après nature on a trouvé l'inclinaison du toit AB suffisante, il faut prolonger cette ligne jusqu'à sa rencontre avec la verticale passant par le point de vue V. Le point X sera le point aérien où devront concourir les lignes de tuiles de la toiture. Pour avoir la limite de AB il faut du point terrestre Y (placé à égale distance du point de vue que le point aérien) mener au point O une ligne qui étant prolongée donnera le point B, sommet du toit. On opérerait de la même manière si le bâtiment, vu sur l'angle, avait ses points de concours aérien et terrestre placés sur la verticale menée par le point de distance ou tout autre point (fig. 6 bis).

Escalier montant.

F. 7. — Cette figure, comme la suivante, est une application des points accidentels aérien et terrestre. Après avoir déterminé la hauteur des marches 1, 2, 3, 4 ; joint ces divers points au point de vue V et trouvé approximativement l'inclinaison de l'escalier 1 A, prolongez cette ligne jusqu'au point O (aérien), menez BCO qui donnera la direction de la rampe. Quant à l'inclinaison des pentes du toit, on procédera comme dans la fig. 6.

Escalier descendant.

F. 7 bis. — Après avoir mis en perspective la cage CDGH, en dirigeant les lignes CD et CH au point de vue, on déterminera approximativement le point terrestre O auquel on mènera les lignes AO et BO. Ce sera la limite des marches. Reportez sur le prolongement de AC les hauteurs 1, 2, 3, 4 des marches ; de ces quatre points menez des lignes au point de vue V, elles achèveront de donner le profil des marches contre le mur de gauche CD.

Partager une surface perspective en parties égales.

F. 9. — Soit une surface perspective ABCD à partager perspectivement en quatre parties égales. Divisez la hauteur AB en quatre parties, menez de ces divisions au point de vue des droites qui rencontreront la diagonale menée de A en C aux points cherchés. Il en serait de même pour la division d'une surface horizontale AGFD.

F. 22. — Une surface rectangulaire ACFI, étant déjà dessinée d'après nature, on voudrait en tracer à la suite un nombre indéterminé. Prolongez la verticale AC d'une quantité égale à sa longueur ; joignez son extrémité inférieure au point de vue ; joignez-la également au point I ; prolongez cette dernière ligne MI jusqu'à sa rencontre avec la droite AV, la largeur perspective FR sera celle de la deuxième surface cherchée. On opérerait de même pour les suivantes.

Deux pavillons semblables situés à des plans différens.

F. 8. — Un pavillon étant déjà dessiné d'après nature, on voudrait en retracer un second semblable à un point donné a. Quelle sera la largeur à donner à la face fuyante aci ? Si l'on jette un coup-d'œil sur la construction géométrale F. 8 bis, on verra que si par le milieu O du rectangle ABDC, on mène une ligne NOY, cette droite rencontrera la ligne supérieure DC, prolongée en un point Y qui donnera DY, égale à CI ou NA. Il faut donc mettre le rectangle en perspective comme **abdc**, et par le point **m** et O mener une ligne qui étant prolongée rencontrera la ligne **dc** au point cherché **i**.

Tour carrée vue sur l'angle. **F. 10.** — Une tour carrée vue sur l'angle est dessinée d'après nature, on veut déterminer les assises dont les points de concours sont en-dehors du dessin. Nous renverrons à la fig. 3 et page 9 pour l'explication qui devient ici presque inutile à l'inspection seule de la figure.

Toits des clochers. **F. 11.** — Le sommet du toit d'une tour carrée ou rectangulaire ou ronde, ne doit se trouver que sur le prolongement de l'axe de la tour.

Si la tour ronde a des consoles en saillie comme dans la fig. S, pl. 4, prolongez la ligne d'inclinaison BC ou DI jusqu'à l'axe en A; toutes les consoles intermédiaires se dirigeront vers ce dernier point.

Personnages dans un tableau. **F. 8.** — Lorsqu'on veut introduire un personnage dans un dessin, il faut comparer sa hauteur à celle d'un objet déjà représenté, et lui donner une grandeur relative comme dans la fig. 8. Et si vous en voulez mettre d'autres à différentes places, menez deux lignes par la tête et les pieds du premier personnage, à un point quelconque de l'horizon. Ces deux lignes servant d'échelle fuyante détermineront à toutes les profondeurs du tableau la hauteur à donner aux autres figures.

F. 12, 13, 14 et 15. — On pourrait encore, pour disposer plusieurs figures dans un tableau sur un **terrain horizontal**, se servir avec avantage de la ligne d'horizon en comparant la distance qui la sépare de la première figure avec la figure elle-même; ainsi, par exemple, si le premier personnage est éloigné de l'horizon d'une quantité égale à sa hauteur comme dans la fig. 14, pour avoir à des points quelconques d'autres figures comme en A ou en B, il suffira de prendre la moitié de l'intervalle qui sépare ces points de l'horizon.

F. 12. — Si la première figure a la tête à l'horizon, il faut que toutes les têtes des autres figures soient également sur cette ligne.

F. 13. — Si les personnages étaient traversés par la ligne d'horizon, comme dans la fig. 13, à quelque profondeur du plan perspectif qu'on veuille placer une figure, il faudrait que la partie de cette figure qui serait en-dessous de l'horizon fût égale à celle qui est en-dessus.

F. 15 et 15 bis. — Mais le spectateur peut se trouver placé à une grande élévation au-dessus du plan perspectif, comme dans la fig. 15 bis, donnons aux figures du premier plan une hauteur conventionnelle de 2 mètres. A la profondeur de 35 mètres à partir de l'horizon, menez une verticale. Dessinez en Y une figure à l'échelle voulue qui se trouvera être au niveau de la plaine X. Par les pieds et la tête de ce personnage menez deux lignes à un point quelconque de l'horizon, vous obtiendrez à divers plans la grandeur relative des diverses figures. Bien entendu que celles qui seraient situées sur un même plan parallèle au tableau ou à la ligne de terre auraient la même grandeur.

Pl. 6. — Nous terminerons ce qui a rapport aux droites ou surfaces droites par deux petites vues de bâtimens, dont l'une est prise sur l'angle, et par conséquent les points de concours en dehors du cadre; l'autre est une vue de front.

———

PERSPECTIVE DES LIGNES ET SURFACES COURBES.

Circonférence du cercle.   **F. 20.** — Pour obtenir rigoureusement la perspective du cercle, il faut avoir celle du carré qui lui est circonscrit. Soit ABCD, un carré perspectif dans lequel on veut tracer un cercle, construisez géométralement avec AB comme côté le carré ABIM, menez les deux diagonales, par leur intersection comme centre, avec un rayon égal à la moitié de AB tracez le cercle. A la rencontre de la courbe avec les diagonales, élevez sur AB des perpendiculaires, et par les points R et S menez des lignes au point de vue. Si l'on a déjà mené les diagonales AC et DB sur le carré perspectif, leurs rencontres avec les deux lignes menées par R et S au point de vue donneront quatre points de la circonférence, les quatre autres seront en N, H, L et T.

Il en serait de même du cercle vertical BCOI.

Cercle sur un plan incliné.   **F. 21.** — Si le cercle se trouvait dans un plan incliné comme la fig. 21, il faudrait supposer, par les lignes AD et BC menées au point de vue, un plan qui viendrait rencontrer ce dernier point et dont la trace, parallèle à AB, serait XVY. Le point de distance qui dans la fig. 20 se trouvait en D se trouverait, dans la fig. 21, en X et Y, à la même distance sans doute du point V, mais il aurait suivi le mouvement du plan incliné ABCD.

Emploi de la demi-circonférence.

F. 22. — La demi-circonférence étant d'un emploi assez fréquent, voici comment on la met en perspective.

On imagine la demi-circonférence dans un rectangle de même dimension.

Ou même les deux diagonales AB CD qui rencontrent en deux points XX, la courbe; de telle sorte que si l'on joint ces points par une ligne, cette dernière prolongée viendra rencontrer AC en un point O qui donnera AO, la cinquième partie de AC.

On se bornera donc, pour mettre en perspective le demi-cercle, à mener les deux diagonales du rectangle perspectif A FI C, et par le point O une ligne au point de concours. Cette dernière coupera les deux diagonales en deux points de la courbe.

Il est quelquefois préférable, pour arriver au même résultat, de mener du point C au point P milieu de AH la ligne CP, sa rencontre avec la diagonale donne X, point de la demi-circonférence.

Application relative au cercle.

F. 23, 24, 25. — Ces trois figures sont des applications des principes établis page 8.

Voûte en berceau.

F. 26. — Cette figure représente une longue voûte en berceau perpendiculaire au tableau.

Les cintres de la voûte conservent en perspective la forme d'un demi-cercle à tous les plans. Les centres de ces cercles seront sur la même ligne CV, et la hauteur des divers rayons sera comprise entre les lignes CV et OV menées au point de vue V.

Portiques.

F. 27. — La fig. 27 présente deux portiques fuyans perpendiculaires au tableau et un troisième vu de front situé à un plan un peu plus éloigné que les deux premiers.

Margelle d'un puits circulaire.

F. 28. — Si l'on voulait indiquer les joints réguliers des pierres formant le bord supérieur d'une margelle de puits, il faudrait, sur le diamètre intérieur, relever dans une position verticale la demi-circonférence ACB, la diviser en parties égales, en huit par exemple; de chacun de ces points de division abaisser des verticales qui viendront rencontrer le diamètre AB en des points 1, 2, 3, 4, 5, 6. — Si donc de ces points on mène des lignes au point de vue V, leur rencontre avec la circonférence perspective A X B Z donnera les points que l'on cherche. Il ne s'agira plus que de diriger de ces points des lignes vers le centre du cercle perspectif qui détermineront les joints des pierres.

— 16 —

Pyramide conique.

F. 29. — Une pyramide conique est dessinée d'après le relief : on désire partager sa hauteur en un nombre déterminé d'assises régulières, en quatre par exemple. Divisez en quatre parties égales la ligne BS du contour apparent du cône ; de ces divisions, menez des horizontales qui couperont l'axe de la pyramide également en quatre parties égales entre elles. Par ces points de division et le point de vue, menez des droites qui rencontreront la ligne TS en des points perspectifs des diverses courbes DOH, IPM, etc.

Tour ronde.

F. 30. — Une tour ronde étant déterminée par le cercle supérieur ABC, on demande d'indiquer un cordon perspectif à un point quelconque D de cette tour. Partagez en parties égales la verticale passant par D, comprise entre le cercle supérieur de la tour et la ligne d'horizon. Divisez en un nombre égal de parties les verticales AH et CO. Joignez les points de divisions correspondans qui vous donneront les courbes que l'on cherche.

Tour en ruine.

F. 31. — Sur une tour en ruine, tracer les assises que l'on aperçoit dans l'intérieur.

Après avoir déterminé et tracé en entier les cercles intérieur et extérieur de la partie la plus élevée de la tour, marquez d'abord le nombre des assises vues extérieurement par la méthode employée pour la figure précédente. Menez par le sommet A une droite en un point H pris arbitrairement sur l'horizon, de manière à couper le cercle intérieur de la tour en un point I. Si par ce point et le point A on abaisse des verticales, et que par les divisions A. B. C., etc., on mène des lignes au point H, la rencontre de ces lignes avec la verticale abaissée du point I donnera la hauteur des assises vues intérieurement en I. D. O. On pourrait répéter cette opération pour d'autres points comme en M.

F. 32, 33 et 34. — Ces trois figures sont des applications des principes qui précèdent. Pour les dessiner, il faut commencer par tracer l'axe de chacune d'elles afin que la symétrie des courbes soit plus exactement observée.

Intérieur d'appartement.

F. 36. — Intérieur d'appartement à mettre en perspective.

Nous avons dit qu'il fallait être éloigné de l'objet à représenter, à une fois au moins sa plus grande dimension. Il s'ensuit que dans aucun cas on n'est placé convenablement dans l'intérieur d'un appartement pour pouvoir en dessiner trois de ses faces ; on ne peut y parvenir qu'au moyen d'une opération préliminaire qui consiste dans le tracé du plan de l'appartement, et alors on arrive à sa représentation rigoureuse, de la manière suivante :

Soit donc le plan, fig. 37, d'une chambre de six mètres sur toutes les faces avec la position des différens meubles tels que le lit, la table, les chaises, etc. Placez la ligne de terre suivant le mur AB et supposez-vous à une fois et demie la longueur AB du tableau. Ce mur sera censé abattu.

F. 36. — Tracez la ligne de terre AB, partagez-la en six parties représentant des mètres ; reportez ces mêmes mesures sur la hauteur que nous estimerons être de 3 mètres 40 centimètres. Tracez la ligne d'horizon et indiquez le point de vue V. Par les angles supérieurs et inférieurs de l'appartement ABCD, menez des lignes au point de vue. Par les points A et B menez des lignes aux points de distance qui vous donneront en OI la profondeur de l'appartement.

Veut-on avoir, par exemple, sur le côté BO, la position perspective de la porte la plus rapprochée de l'angle B, nous voyons par les cotes mises sur le plan qu'elle est éloignée de 1 mètre de ce dernier point et qu'elle a aussi 1 mètre de largeur. Joignez les points 4 et 5 au point de distance de gauche, les rencontres de ces deux lignes avec celle BO qui va au point de vue donneront la largeur PR de la porte. C'est par un moyen semblable qu'on obtiendra la perspective des objets répandus dans l'appartement.

Points de distance rapprochés.

F. 35. — La difficulté de se servir des points de distance à la place qu'ils occupent, puisqu'ils sont toujours en-dehors du tableau, force quelquefois de les rapprocher plus près des bords du dessin.

Prenons pour exemple une tour carrée dont une des faces déjà dessinée d'après nature est parallèle au tableau. Supposons que ce dernier soit éloigné du spectateur de une fois et demie sa largeur : les points de distance seront donc éloignés de une fois et demie le tableau, reportés sur l'horizon à partir du point de vue à droite et à gauche en-dehors de la limite du dessin.

Reportons au tiers de cette longueur, en Y, le nouveau point de distance, il sera rapproché du point de vue des deux tiers de la place qu'il devrait occuper.

La face fuyante de la tour devant se trouver dans la direction de la ligne XV menée au point de vue, il ne s'agit plus maintenant que de trouver sa largeur.

Divisez la face de front de la tour en trois parties égales, et menez au nouveau point de distance, par la première division la plus rapprochée du point de vue, une ligne CY qui par sa rencontre avec XV déterminera la largeur XO de la face fuyante que l'on cherche.

Si l'on avait à rapprocher le point de distance seulement de la moitié de l'intervalle qui le sépare du point de vue comme en Z, par exemple. Il n'aurait fallu partager la face de front qu'en deux parties. C'est ce qu'on a fait pour le carré horizontal tracé à droite de la même fig. 35.

C'est ce moyen dont nous nous sommes servi pour trouver la perspective des objets placés à droite dans l'appartement (fig. 36). Les points de distance étant rapprochés de moitié, nous avons pris moitié de la ligne de terre que nous avons divisé en six parties dont chacune représente un mètre en se servant du point de distance rapproché.

2ᵉ PARTIE.

DES OMBRES.

L'ombre est produite par l'interposition d'un corps opaque entre la lumière et un autre corps.

Nous considérerons :

1° Le foyer d'où partent les rayons lumineux qui frappent le corps ;
2° La partie éclairée de ce corps ;
3° La partie dans l'ombre ;
4° Enfin l'ombre portée de ce corps sur un autre.

Le foyer de lumière peut être un astre comme le soleil ou la lune, un ou plusieurs flambeaux, ou toute autre lumière artificielle.

Le point le plus éclairé d'un corps frappé par la lumière est celui qui est le plus près du foyer d'où elle émane, ou celui qui se trouve dans la direction du rayon partant de ce foyer perpendiculairement à ce même corps.

Si le corps éclairé est rond comme une sphère, par exemple, la lumière s'affaiblit insensiblement jusqu'à l'ombre, et si elle repose sur une surface plane, on s'aperçoit que la partie privée de lumière directe reçoit des objets environnans une lumière indirecte qu'on nomme lumière de reflet ou demi-teinte, et qui rend cette partie d'autant moins obscure que ces objets en sont plus rapprochés.

L'ombre portée est plus sombre que celle du corps qui la motive ; elle diminue d'intensité à mesure qu'elle s'éloigne de ce corps.

REMARQUE. Il faut dire qu'une condition est indispensable pour que ces effets aient lieu rigoureusement, c'est que le corps éclairé et la surface qui reçoit l'ombre portée aient à peu près une même valeur de ton. —Ainsi l'ombre portée d'un chapeau noir sur une feuille de papier blanc serait plus faible de ton que le chapeau.

DES OMBRES SOLAIRES ET DE CELLES PRODUITES PAR DES LUMIÈRES ARTIFICIELLES.

Lorsque le soleil est le foyer lumineux, il peut se trouver devant le spectateur, ou derrière lui, ou dans le plan du tableau.

F. 38. — Il arrive, dans le premier cas, que le soleil est lui-même le point de concours des rayons solaires. (Les rayons du soleil étant considérés comme parallèles entre eux vu le grand éloignement de cet astre à la terre.)

Dans le second cas, les rayons solaires ont leur point de fuite ou de concours en-dessous de l'horizon, à une distance égale à celle que l'on suppose devoir exister entre l'horizon et le soleil.

F. 39. — Ainsi, dans la figure 39, le soleil, derrière le spectateur, est au-dessus de l'horizon de la quantité VX. Dans ce cas, les rayons de lumière concourent au point X et les lignes des ombres horizontales vont concourir à l'horizon en V.

On a supposé dans cette figure les rayons lumineux dans des plans perpendiculaires au tableau; mais s'ils étaient obliques par rapport à ce dernier, le point de fuite des rayons solaires serait sur la trace du plan qu'on aurait imaginé tracé par l'œil parallèlement à ces mêmes rayons, et les lignes des ombres produites sur un plan horizontal iraient concourir sur l'horizon, à l'intersection même de cette ligne, avec le plan mené par l'œil.

F. 40. — Enfin, le soleil étant dans le plan du tableau, ses rayons restent parallèles en perspective. De sorte que l'inclinaison du rayon solaire étant déterminée, il suffit de lui mener des parallèles géométrales.

L'ombre d'un objet placé sur un plan horizontal et éclairé par le soleil est de la même grandeur que cet objet, lorsque le soleil se trouve à une hauteur de 45 degrés au-dessus de l'horizon et qu'il est dans le plan du tableau; car dans tout autre cas les lignes des ombres éprouveraient les dégradations ordinaires des lignes perspectives.

Au contraire, les ombres augmentent ou diminuent selon que le soleil est plus ou moins élevé au-dessus de l'horizon.

F. 38. — On détermine les ombres des objets placés sur un plan horizontal, en supposant : **1°** des lignes partant du soleil et allant aux divers points saillans de leurs contours, et **2°** du pied de la verticale abaissée du soleil sur l'horizon, d'autres lignes menées par les projections horizontales de ces points saillans : ces lignes viendront rencontrer les premières à l'extrémité des ombres.

F. 39. — Lorsque l'objet éclairé porte son ombre sur un plan vertical, comme le bâtiment en saillie **a** sur celui **b**, il faut mener du soleil une ligne qui soit perpendiculaire au plan qui reçoit l'ombre portée : ainsi la ligne **sx** est perpendiculaire au plan mené par la face **b** du bâtiment et dont la trace **vx** passe par le point de vue. Si par **x**, pied de cette perpendiculaire, on mène **xo**, et que par le soleil **s** on mène **sd**, ces deux lignes prolongées se couperont en **b**, limite de l'ombre **eby** produite par les lignes **cd** et **dz**.

F. 40, 42. — Lorsque les lignes des ombres produites par des droites sont parallèles à ces mêmes droites, elles doivent tendre à leur même point de concours.

F. 42. — Déterminer l'ombre portée d'un prisme quadrangulaire **abch** sur les marches d'un escalier dirigées au point de vue, le rayon de lumière étant dans un plan parallèle au tableau.

Menez par la base **ad** du prisme des horizontales indéfinies et des points supérieurs correspondans **bc** des rayons de lumière **bf, cg** qui détermineront par leurs rencontres avec les lignes qu'on vient de tracer la limite de l'ombre **adgf** sur le plan horizontal. On conçoit que si l'on relève, à partir de la première marche **xy** l'ombre portée, on arrivera à la limite **op** de l'ombre sur l'escalier.

F. 41. — Déterminer l'ombre portée d'une cheminée sur un toit incliné placé perpendiculairement au tableau.

Soit **abcd** le sommet de cette cheminée. Menez par le point de vue **v** une ligne parallèle à l'inclinaison **yx** du toit, cette ligne viendra rencontrer la verticale abaissée du soleil au-dessous de l'horizon en **z** point de rencontre de toutes les lignes d'ombre produites par les verticales sur le plan incliné du toit **oxy**.

Si l'on imagine un plan vertical passant par le soleil et la ligne **ab**, ce plan contiendra la trace de l'ombre de cette ligne sur le toit. Cette ombre se trouvera donc à la fois sur le prolongement de la ligne **sb** et sur celui de **za** en **ao**.

Il en serait de même pour déterminer l'ombre du point **c**, en prolongeant la ligne partant du soleil **sc** et celle **zd** qui donneraient le point P, ainsi de suite.

P. 43. — Déterminer l'ombre portée d'un prisme quadrangulaire sur le fût d'une colonne renversée dans la direction du point de vue et le rayon de lumière étant dans un plan parallèle au tableau.

Il s'agit de trouver les intersections des plans verticaux menés par **r** et **s** parallèlement aux rayons de lumière avec la colonne et qui seront des cercles.

Par les points **a** et **b** de la base, menez des horizontales **ax**, **by** jusqu'à leur rencontre avec les lignes des rayons de lumière passant par **s** et **r**; ce sera la limite de l'ombre du prisme sur le plan horizontal. Joignez l'extrémité inférieure I du diamètre vertical au point de vue; par le centre **g**, menez l'axe de la colonne se dirigeant au même point; la rencontre de cet axe avec les verticales élevées par les points **x** et **y** donnera les centres **e** et **m** des deux courbes suivant lesquelles l'ombre se profilera sur la colonne, ainsi que la hauteur des rayons de ces cercles en **mx** et **ey**. L'intersection des deux courbes avec le rayon de lumière passant par **s** et **r** donnera en **Pn** la limite supérieure de l'ombre cherchée.

P. 44. — Si le rayon de lumière n'était pas dirigé parallèlement au tableau, le plan qu'on imaginerait mené par lui viendrait couper obliquement la colonne suivant une courbe elliptique; soit RP un bâton fixé en terre, dont on veut déterminer l'ombre portée sur le fût d'une colonne renversée dans la direction du point de vue, et ORZ le rayon de lumière situé dans un plan se dirigeant au point de distance.

La section de ce plan vertical sur la colonne aura la forme d'une ellipse qu'on déterminera au moyen d'un carré perspectif ayant pour côtés le diamètre de la colonne pris dans le plan **abcd**.

La portion de cette ellipse comprise entre le rayon RZ et le bâton PR sera l'ombre cherchée.

Pour tracer l'ombre du fût sur le plan horizontal, il faut, du point de concours des rayons lumineux (qui doit se trouver sur la verticale passant par le point de distance), mener des lignes par quelques points du cercle vu de front, d'abord en **T**, point tangent du rayon de lumière; puis en **i**, **k**, etc. Par les projections **fgh** de ces mêmes points (situés dans le plan du cercle), l'on mènera des lignes allant au point de distance; elles donneront, par leur rencontre avec les rayons de lumière, les points d'ombre de la courbe **yvu** et **M**. Enfin menant par **y** et au point de vue une droite, elle achèvera le tracé des ombres de la colonne.

Quand une sphère considérée dans l'espace est éclairée par le soleil et qu'elle se trouve placée entre cet astre et un plan assez rapproché perpendiculaire aux rayons de lumière, l'ombre portée sur ce plan sera un cercle de même grandeur que le grand cercle de la sphère.

Si le plan, au lieu d'être perpendiculaire aux rayons lumineux était oblique, l'ombre portée sur ce plan sera de forme elliptique. (*La nappe des rayons de lumière qui enveloppe la sphère étant cylindrique, on sait que la section d'un cylindre faite obliquement par un plan est une ellipse.*)

Il n'en serait pas de même d'une sphère placée dans des conditions semblables, mais qui serait éclairée par un flambeau.

Dans le premier cas, l'ombre portée serait un cercle toujours plus grand que la sphère; dans le second cas, l'ombre portée serait une surface elliptique : en effet, l'ombre ne serait autre chose que la section faite par un plan obliquement au cône formé des rayons lumineux enveloppant la sphère et dont le sommet est le foyer de lumière.

Les ombres produites par des flambeaux diffèrent de celles qui proviennent des astres, en ce que les rayons lumineux ne sont pas parallèles entre eux, mais convergent aux foyers même des lumières.

F. 46. — Si un objet est éclairé par un flambeau, l'ombre portée peut être très-allongée, et sa partie éclairée est d'autant plus vive que l'objet est plus rapproché du foyer lumineux. Quand l'objet est éclairé par deux flambeaux assez rapprochés l'un de l'autre, il y a deux ombres distinctes. En général, il y a autant d'ombres que de foyers de lumière, et la partie commune à ces diverses ombres est toujours plus intense que les autres parties.

F. 45. — Pour déterminer l'ombre des divers objets répandus dans un appartement et éclairés par un flambeau, il faut imaginer des plans passant par le foyer lumineux et ces mêmes objets, ils contiendront la trace de leurs ombres.

Par le foyer de lumière et chacune des parois de l'appartement, y compris le plancher et le plafond, menez des lignes perpendiculaires qui donneront les points KBC, qui ne sont autres que la projection du foyer de lumière sur chacun des plans de l'intérieur.

Pour déterminer l'ombre du vase, par exemple, menez par son pied et le point B une droite, et par sa partie supérieure et le foyer F une autre ligne qui viendra rencontrer la première à l'extrémité de son ombre. Il en serait de même des personnages, en menant par leurs pieds et du point B une ligne, et par leurs têtes et le foyer une autre ligne; elles donneront la limite de l'ombre sur le mur. On voit une portion de l'ombre de ces personnages sur le plancher se relever verticalement sur le mur.

F. 46 et 47. — D'après ce que nous venons de dire sur la manière d'obtenir les ombres produites par une lumière artificielle, il nous semble inutile d'entrer dans plus d'explications au sujet des fig. 46 et 47, qui représentent l'une une sphère éclairée par deux flambeaux, l'autre un cube éclairé par un seul flambeau posé sur sa face supérieure.

3° PARTIE.

RÉFLEXION DES OBJETS DANS L'EAU.

Il faut que la surface de l'eau soit calme et tranquille pour que les objets qui l'environnent s'y réfléchissent exactement ; le moindre mouvement, la moindre oscillation allonge en la brisant l'image réfléchie, et le souffle le plus léger qui vient rider sa surface l'anéantit complètement.

Les objets se réfléchissent dans l'eau comme sur une glace et se reproduisent à sens inverse.

Le principe sur lequel repose la réflexion est basé sur cette vérité : que l'angle d'incidence est égal à l'angle de réflexion ; en d'autres termes, l'angle sous lequel un rayon lumineux tombe sur une surface est égal à celui suivant lequel il s'y réfléchit.

F. 48. — La fig. 48 fera bien comprendre ce qui précède. On voit que si le personnage qui y est représenté avait à reproduire la réflexion du point C, elle serait en T. Il devra donc chercher quelle sera sur son dessin la grandeur à donner à TB ; elle sera égale à la hauteur BC du bâtiment, reportée en-dessous du niveau de l'eau B, c'est-à-dire à BA, quelle que soit même la position qu'occuperait ce dessinateur par rapport au bâtiment. Ainsi, s'il se transportait en D', la distance BT serait encore en perspective égale à AB. En un mot, la réflexion d'un point dans l'espace se fait toujours dans la direction d'une verticale partant de ce point, et est toujours, en-dessous du niveau de l'eau, rencontrée par cette verticale à la même distance qu'il y a entre ce niveau et le point lui-même. Voyez le point X et sa réflexion X', et dans la fig. 50 le point M et sa réflexion R.

Si un bâtiment est baigné par l'eau, sa réflexion est égale à la portion de l'édifice qui se trouve au-dessus du niveau de l'eau ; AB est égal à DC (fig. 48).

La difficulté est de déterminer d'après nature le niveau de l'eau aux divers plans occupés par les objets à représenter ; mais une fois trouvé au moins approximativement, il suffira, comme nous venons de le dire, de reporter en-dessous de ce niveau les hauteurs des divers objets pour avoir leur réflexion.

F. 49. — AB est la ligne de niveau de la face de front d'un bâtiment. On aura sa réflexion en reportant sur le prolongement des verticales passant par A et B les longueurs BC en BC' et AD en AD'. La réflexion de la porte d'entrée OZ sera OZ' mais comme le mur de terrasse YI a sa réflexion égale à sa surface entière, la porte n'aura plus que sa partie supérieure réfléchie, sa réflexion étant absorbée presque entièrement par celle du mur.

F. 49.—Disons, comme pour les lignes des ombres, que celles qui représentent leurs réflexions vont aboutir aux mêmes points que les lignes qui les produisent lorsque celles-ci sont horizontales.

Quant aux lignes inclinées qui vont concourir à des points accidentels aériens, leurs réflexions ont les mêmes points de concours accidentels, **mais réfléchis**. On obtient les images de ces points en reportant en-dessous de **l'horizon** la distance qu'il y a de cette dernière ligne aux points accidentels réels. Le point accidentel M se réfléchit en P, fig. 49.

F. 50.—La réflexion d'un objet très-élevé dans un tableau au-dessus de l'horizon peut être absorbée par celle d'un autre beaucoup plus rapproché de l'œil, et cependant moins grand que lui ; ainsi, ce petit hermitage qui domine dans le paysage n'a pas sa réflexion dans l'eau, parce quelle est cachée par celle du mouvement de terrain X, placé près de la ligne de terre.

F. 52. — Cette figure offre un cas remarquable en ce qu'une partie des objets réfléchis n'est pas représentée dans le tableau. Ainsi un personnage descendant l'escalier est totalement caché aux yeux du spectateur, à cause de l'inclinaison de la voûte et aussi de la hauteur de l'horizon, mais sa réflexion dans l'eau vient révéler sa présence.

On a supposé dans cet exemple que la ligne AN représente le niveau de l'eau dans le plan vertical correspondant à l'extrémité supérieure de l'escalier. OZ est la réflexion de la dernière marche HB de l'escalier.

L'horizon étant au point P et X étant le point de fuite des lignes d'inclinaison de l'escalier, ce point accidentel se trouve réfléchi en **y**.

F. 51.—Le soleil se réfléchit dans l'eau lorsqu'il se trouve dans un plan compris dans les côtés de l'angle optique du tableau, et quand la hauteur au-dessus de l'horizon ne se trouve pas plus grande que celle qu'il y a entre cette dernière et la ligne de terre. On obtient sa réflexion en reportant sa distance à l'horizon en-dessous de cette ligne dans le prolongement de la verticale partant de cet astre.

Nous parlons ici du foyer même de la lumière, mais le plus souvent la réflexion du soleil s'allonge dans l'eau quand celle-ci est un peu agitée, ce qui produit dans un tableau une grande ligne de lumière verticale. Cet effet s'observe même quand le soleil est très-élevé au-dessus de l'horizon.

TABLE.

Figures.		Pages.
	Définition de la Perspective....................................	5

DES PRINCIPAUX TERMES ET DÉSIGNATION DES DIVERS LIGNES ET PLANS EMPLOYÉS DANS LES OPÉRATIONS DE PERSPECTIVE.

1re Partie. — PERSPECTIVE DES DROITES.

Figures		Pages
1 et 2......	Point visuel...	5
2..........	Tableau..	»
2..........	Plan perspectif...	»
1..........	Angle optique..	»
1..........	Rayons visuels...	»
	Dimensions du tableau...	6
2..........	Lignes de terre...	»
2..........	Ligne d'horizon..	»
2..........	Lignes fuyantes horizontales allant seules aboutir à l'horizon...............	»
	Parallèles géométrales et parallèles perspectives.....................	»
2..........	Point de vue unique, celui où vont aboutir les lignes perpendiculaires au tableau...	»
2..........	Deux points de distance où vont concourir les lignes faisant un angle demi-droit avec le tableau...	7
2 et 4......	Usage des points de distance....................................	»
	Points de concours en général...................................	»
	Parallèles géométrales..	»
6 et 6 bis...	Lignes fuyantes non horizontales................................	»
	Points accidentels aérien et terrestre............................	»
	Moyen unique pour trouver les points de concours de toutes les lignes fuyantes, quelles que soient leurs positions......................	»
	Des plans parallèles...	8
5..........	Echelle fuyante..	»

Figures.		Pages.
	MANIÈRE DE FAIRE UN CROQUIS D'APRÈS NATURE.	8
3............	Quand les points de concours sont hors du tableau, comment y suppléer.....	9
Pl. 5.......	Des figures humaines à mettre dans un dessin...........................	10
	Emploi du porte-crayon dans le tracé à vue (*Voir le dessin du titre*).......	»

Application des principes qui précèdent aux lignes et surfaces droites.

4 bis........	Un corridor en perspective..	11
4...........	Longue avenue plantée d'arbres	»
5...........	Longueur d'une ligne perspective.......................................	»
6 et Pl. VI...	Vue de front...	»
6 bis, 7, 7 bis	Emploi des points accidentels aériens et terrestres.......................	»
7............	Escalier montant par rapport au spectateur..............................	»
7 bis........	Escalier descendant..	»
9............	Partager en parties égales une surface perspective........................	»
8 et 8 bis....	Un pavillon étant déjà dessiné, on demande d'en tracer un semblable à un point donné	»
10...........	Tour carrée vue sur l'angle...	13
11...........	Toits de clochers ou de bâtimens quelconques............................	»
8 à 15.......	Personnages dans un dessin, diverses manières de les mettre en perspective...	»
15 bis.......	Hauteur à donner aux personnages quand le spectateur est très-élevé par rapport à eux..	14
Pl. VI.......	Vue sur l'angle et vue de front..	»
36 et 37	Intérieur d'appartement, moyen à employer pour le mettre en perspective exactement	16
35...........	Remplacer le point de distance par un autre plus rapproché du point de vue....	»

PERSPECTIVE DES COURBES.

16 à 20......	Cercle	8
20...........	Cercle en perspective..	14
21...........	Cercle sur un plan incliné..	»
22...........	Demi-circonférence, de son emploi.....................................	15
23, 24 et 25..	Application relative au cercle...	»
26...........	Voûte en berceau..	»

Figures.		Pages.
27	Portiques	15
28	Margelle d'un puits	»
29	Pyramide conique	16
30	Sur une tour ronde tracer des assises horizontales à des points donnés	»
31	Sur une tour ronde tracer les assises tant à l'intérieur qu'à l'extérieur	»
32, 33 et 34	Trois vases en perspective	»

2ᵉ Partie. — DES OMBRES.

	Foyer de lumière	19
	Partie éclairée d'un corps	»
	Partie dans l'ombre	»
	Ombre portée d'un corps sur un autre	»

Des ombres solaires et artificielles.

38	Le soleil placé devant le spectateur	20
39	Le soleil placé derrière le spectateur (points de concours des rayons solaires)	»
40	Le soleil se trouvant dans le plan du tableau	»
38	Détermination des ombres sur le plan horizontal	»
38	Des ombres sur un plan vertical	»
40 et 42	Lorsque les lignes des ombres, produites par des droites, sont parallèles à ces droites, elles ont leur même point de concours	21
42	Déterminer l'ombre portée d'un prisme sur les marches d'un escalier	»
41	Ombre d'une cheminée sur un toit	»
43	Ombre portée d'un prisme vertical sur le fût d'une colonne renversée	22
44	Ombre portée d'un bâton sur une colonne renversée	»
44	Ombre de la colonne sur le plan perspectif	»
	Des ombres d'une sphère éclairée par le soleil ou par des lumières artificielles	23
46	Sphère éclairée par deux flambeaux	»
45	Ombre des divers objets répandus dans un appartement et produite par un seul flambeau	»
47	Cube éclairé par un flambeau	24

3ᵉ Partie. — RÉFLEXION DES OBJETS DANS L'EAU.

48	Principe sur lequel s'appuie la réflexion des objets dans l'eau	25
48 et 50	Réflexion d'un point dans l'eau	»

Figures.		Pages.
48.........	Réflexion d'un bâtiment dans l'eau...................................	25
49.........	Niveau de l'eau à divers plans du tableau............................	»
49.........	Points de concours des lignes de réflexion...........................	26
49.........	Réflexions des points de concours aériens............................	»
50.........	Réflexion d'un objet très-élevé au-dessus de l'horizon absorbée par celle d'un autre moindre dimension que le premier, mais plus près de la ligne de terre.	»
52.........	Réflexion d'un objet invisible sur le tableau.........................	»
51.........	Réflexion du soleil dans l'eau..	»

FIN DE LA TABLE.

Fig. 2. Pour l'intelligence des Points de concours.

Nᵃ Tenir ce papier, ainsi que la petite figure V dans une position verticale.

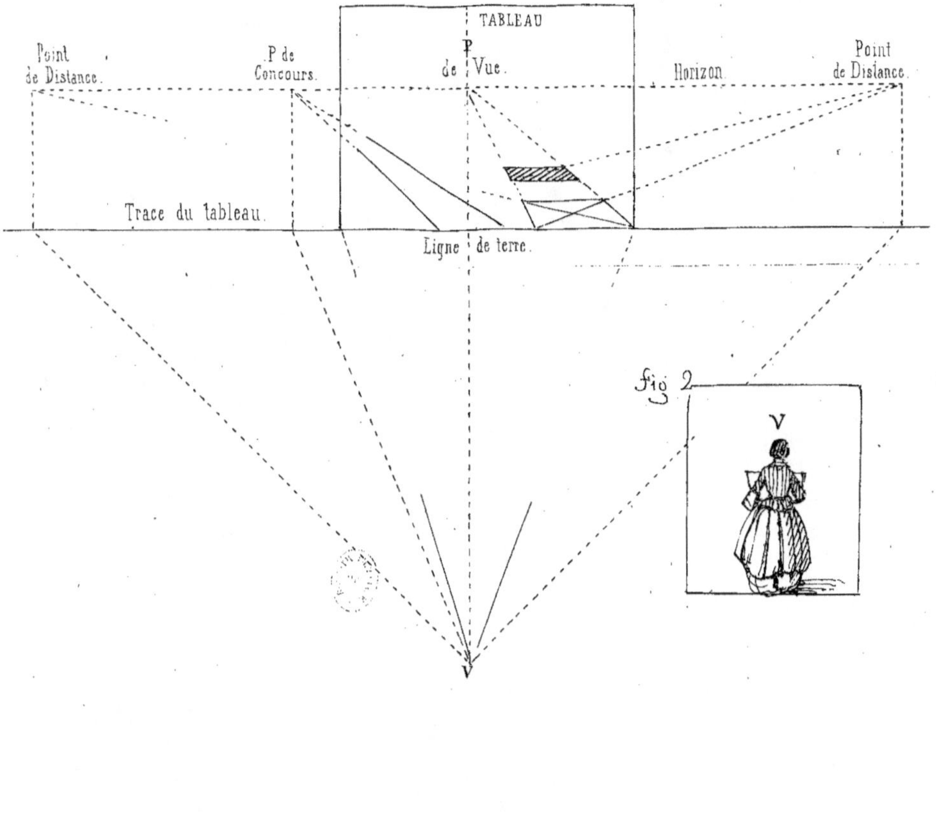

Point de Distance.   P de Concours.   TABLEAU   P de Vue.   Horizon.   Point de Distance.

Trace du tableau.   Ligne de terre.

fig 2.

V

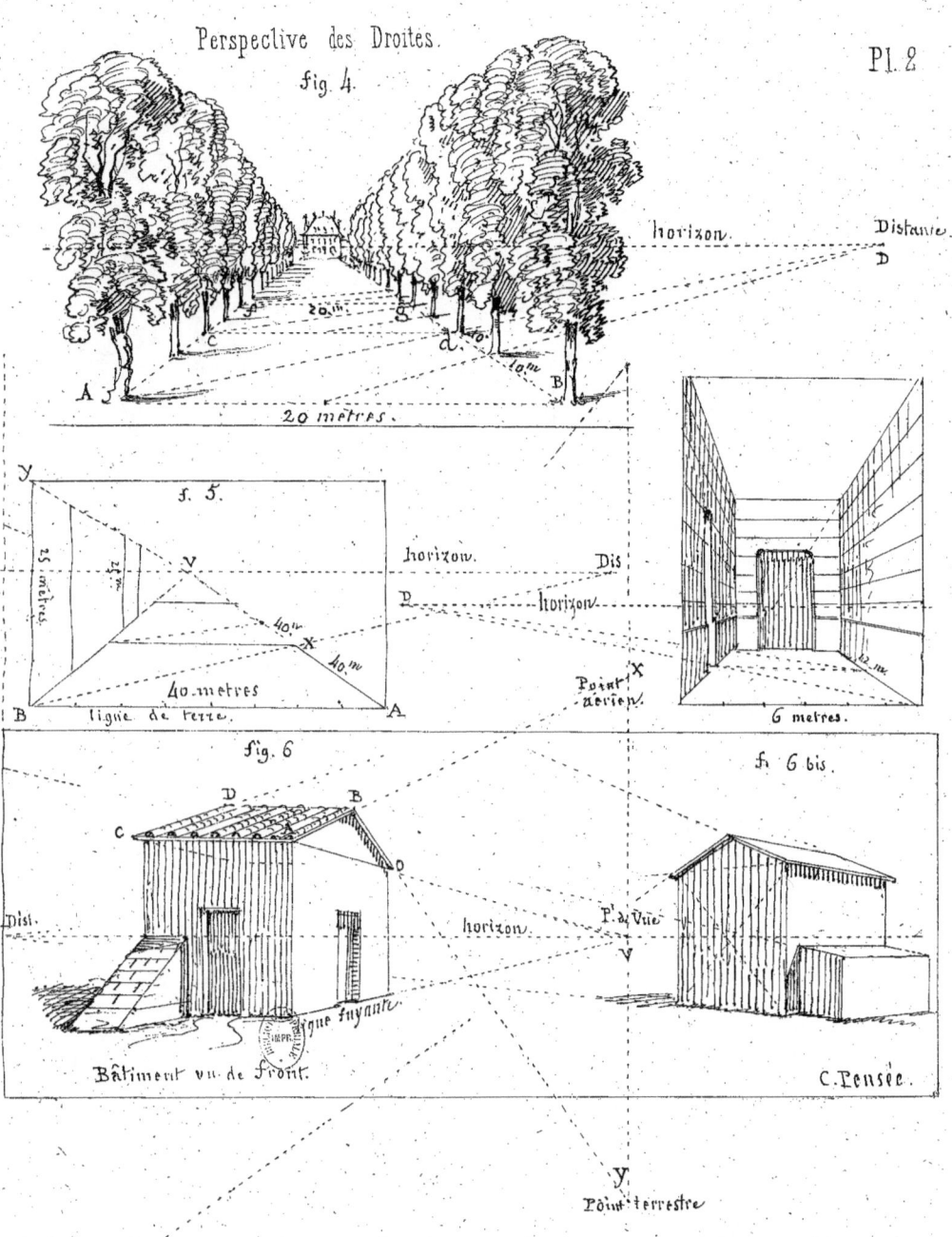

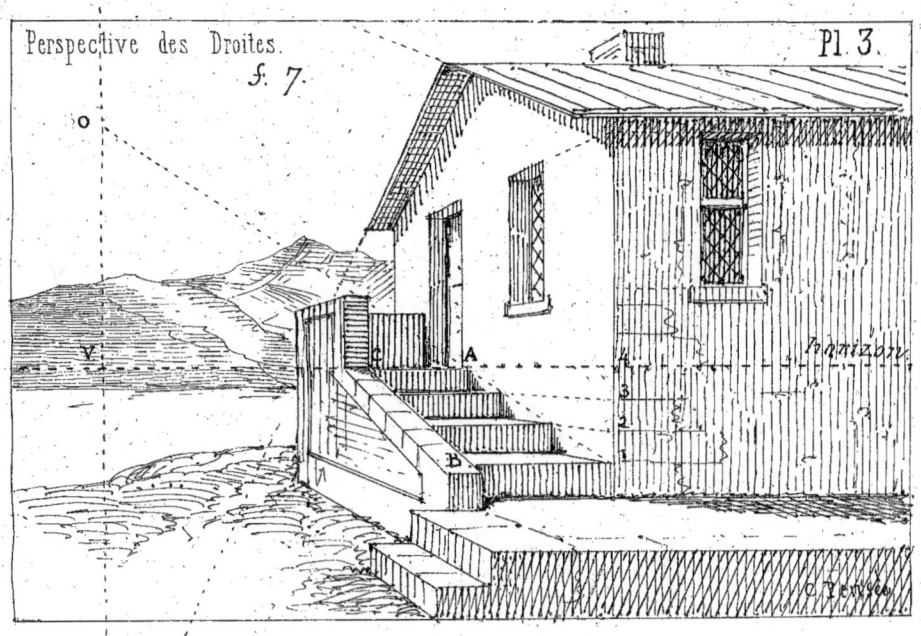
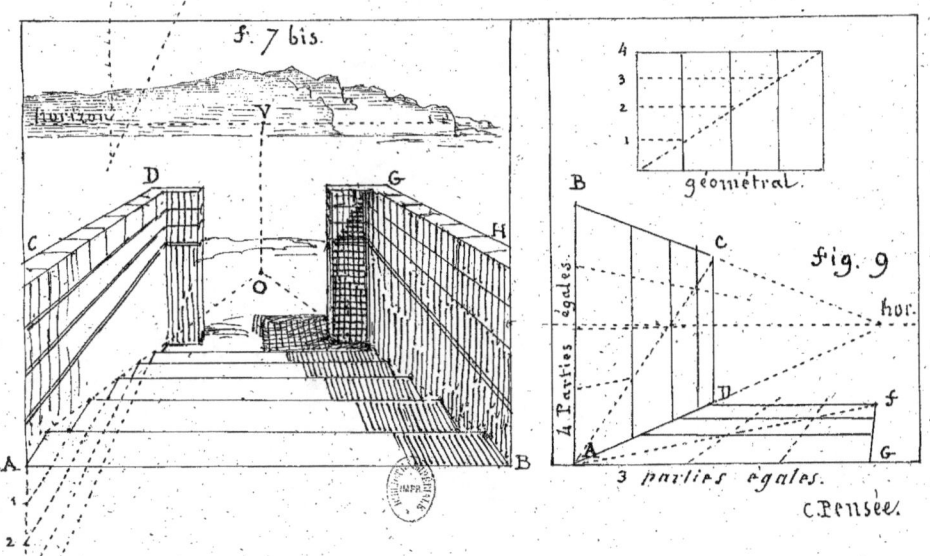

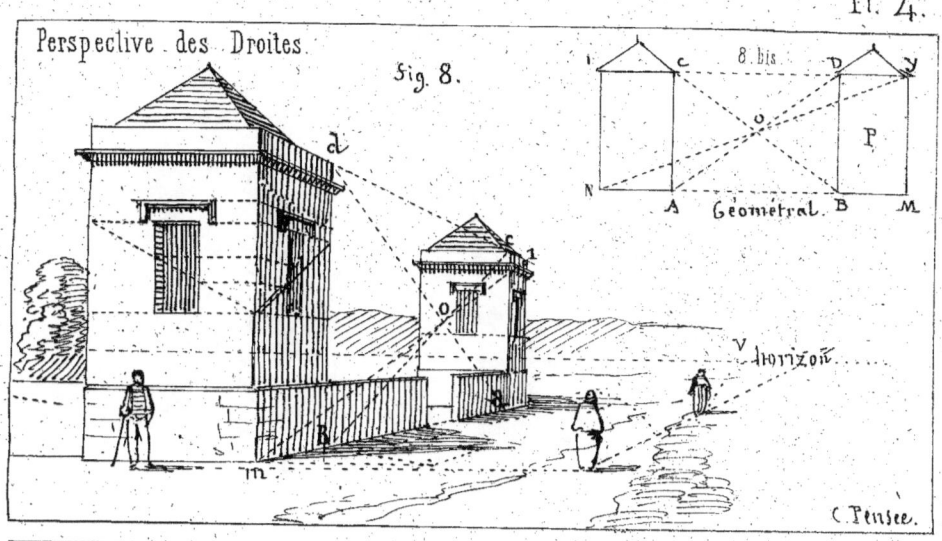

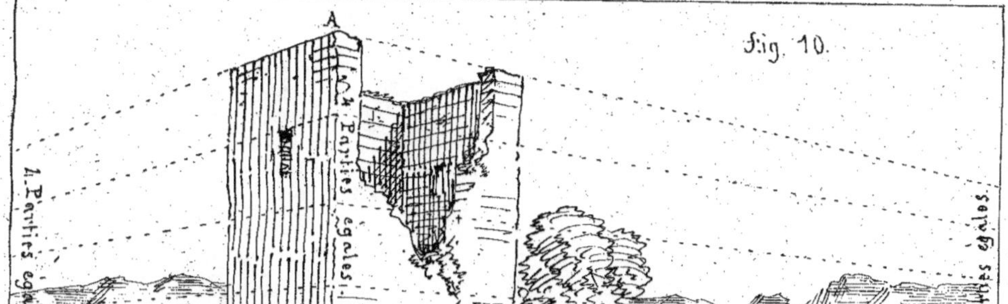

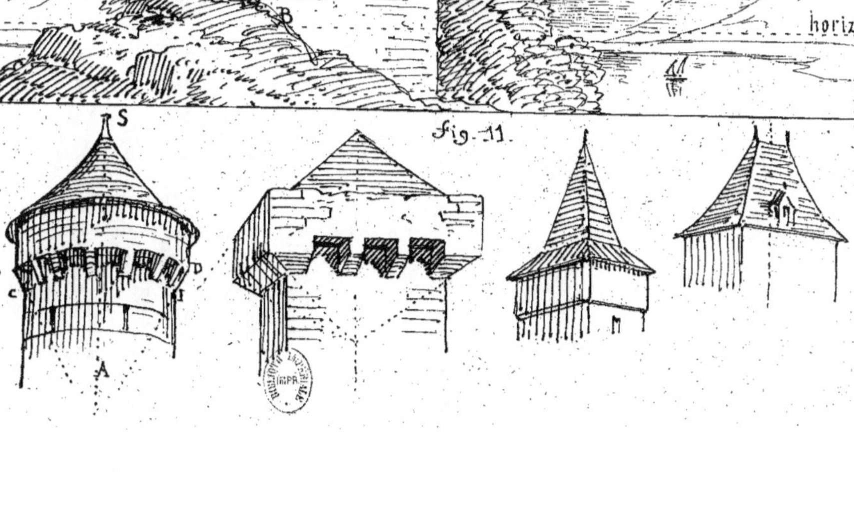

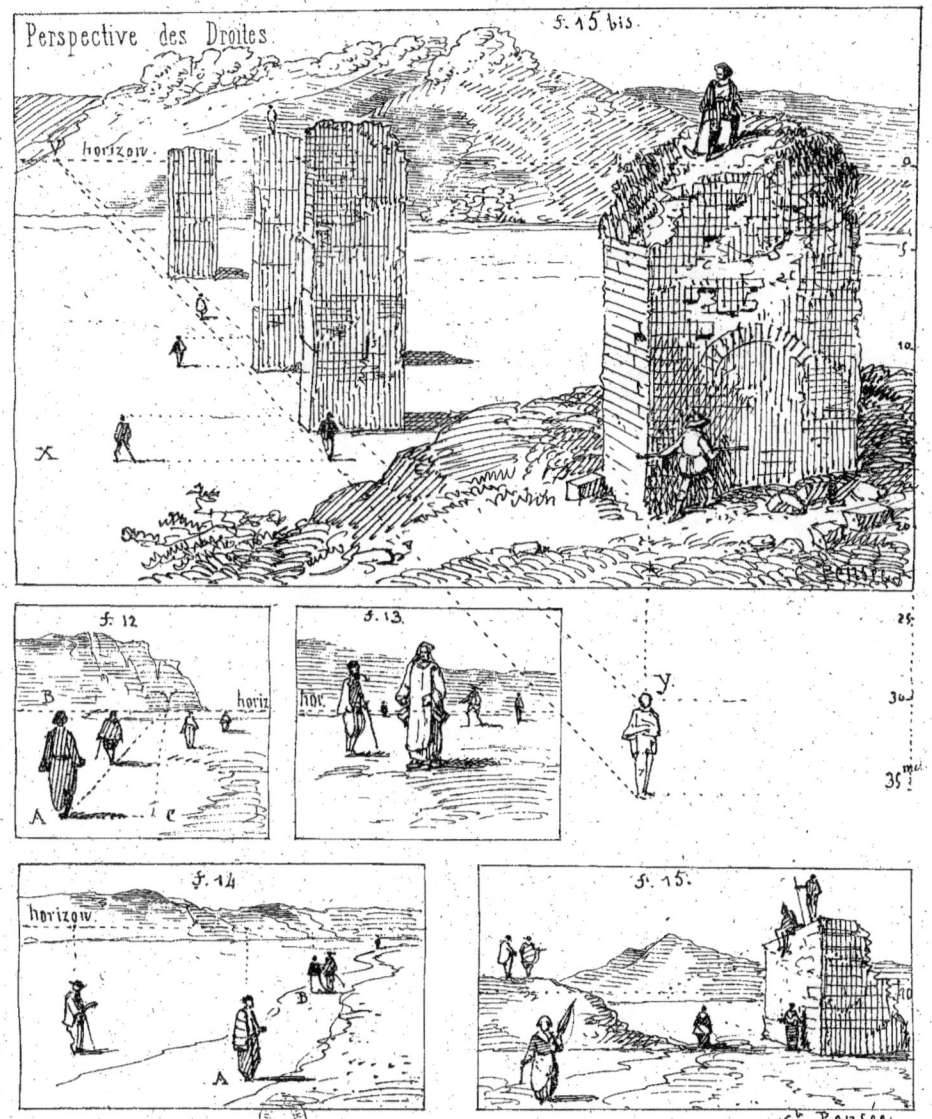

P. 6.

Perspective des Droites.

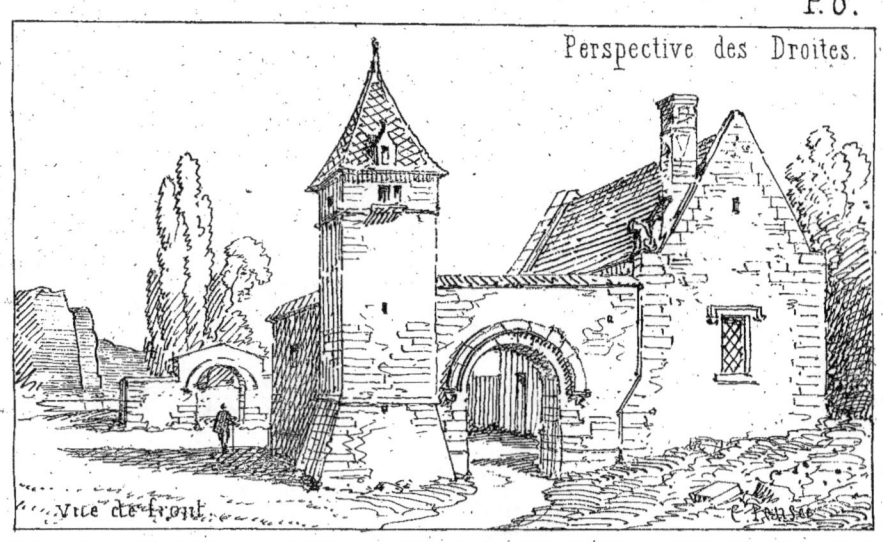

Vue de front. C. Pensée.

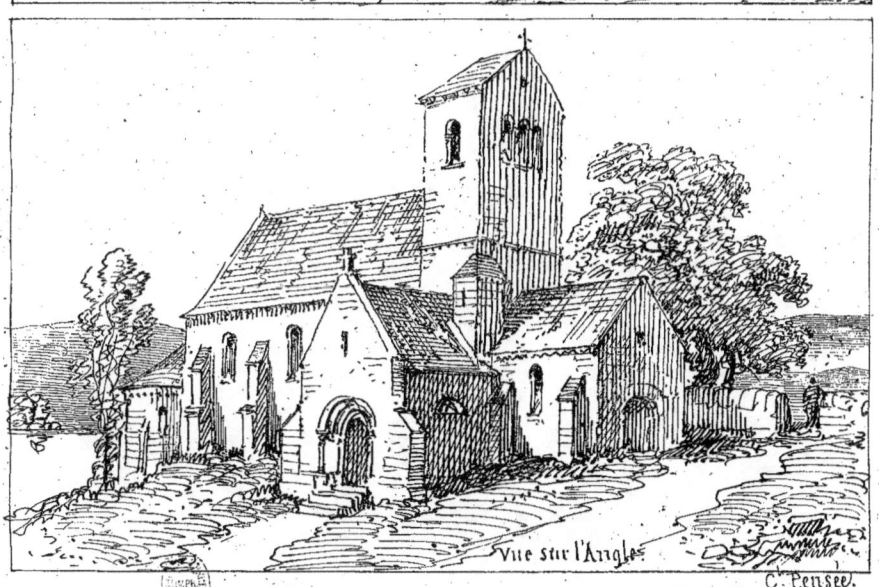

Vue sur l'Angle. C. Pensée.

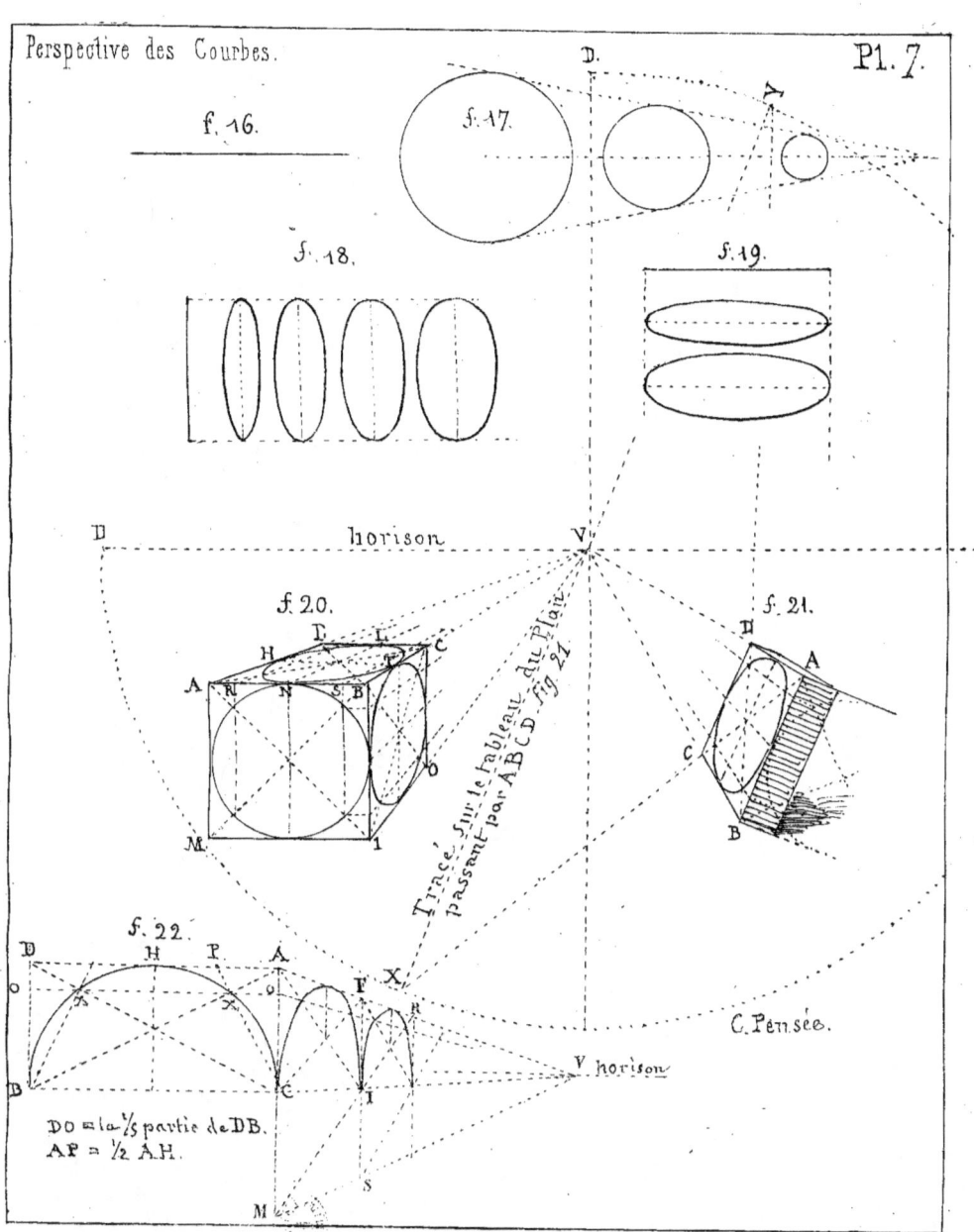

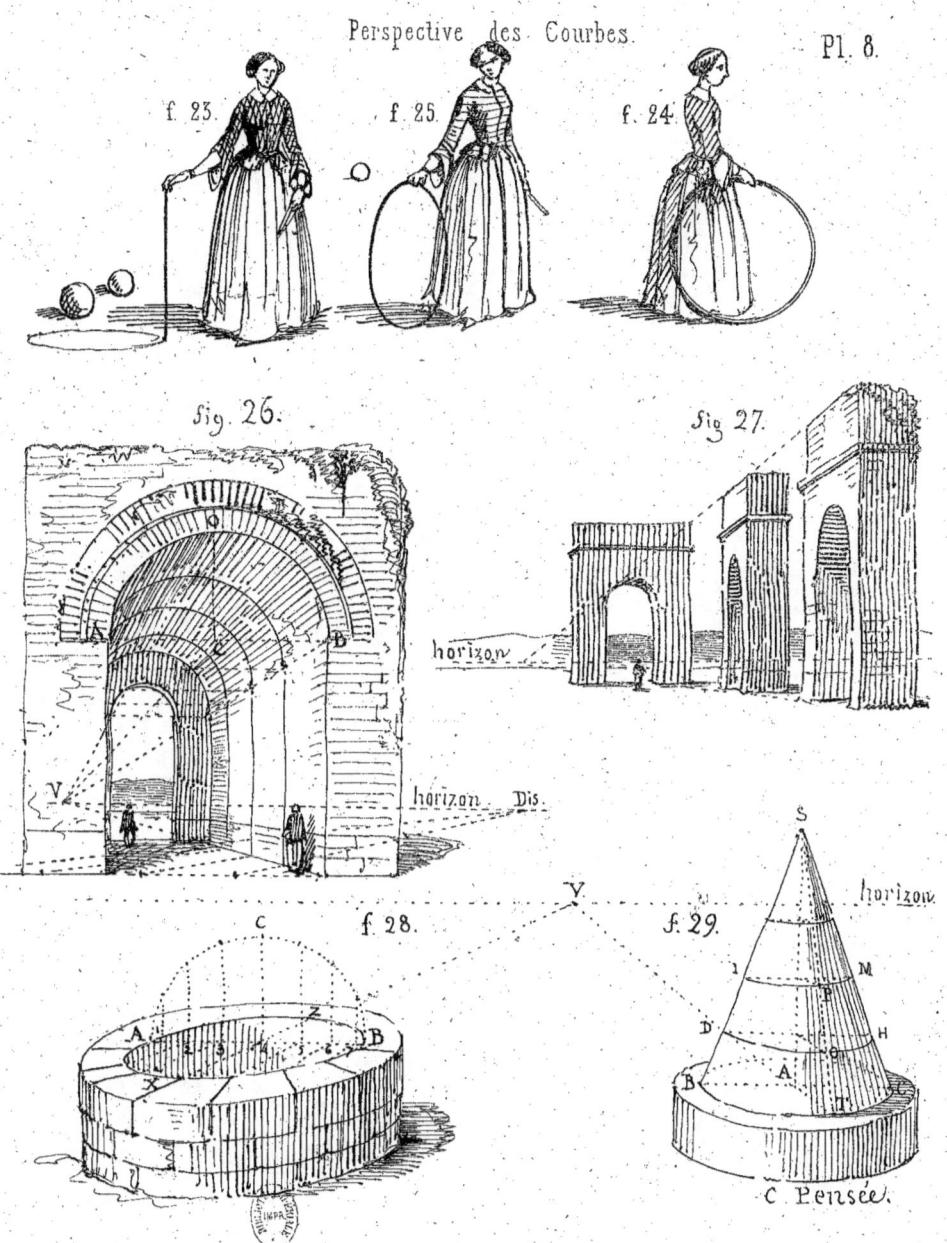

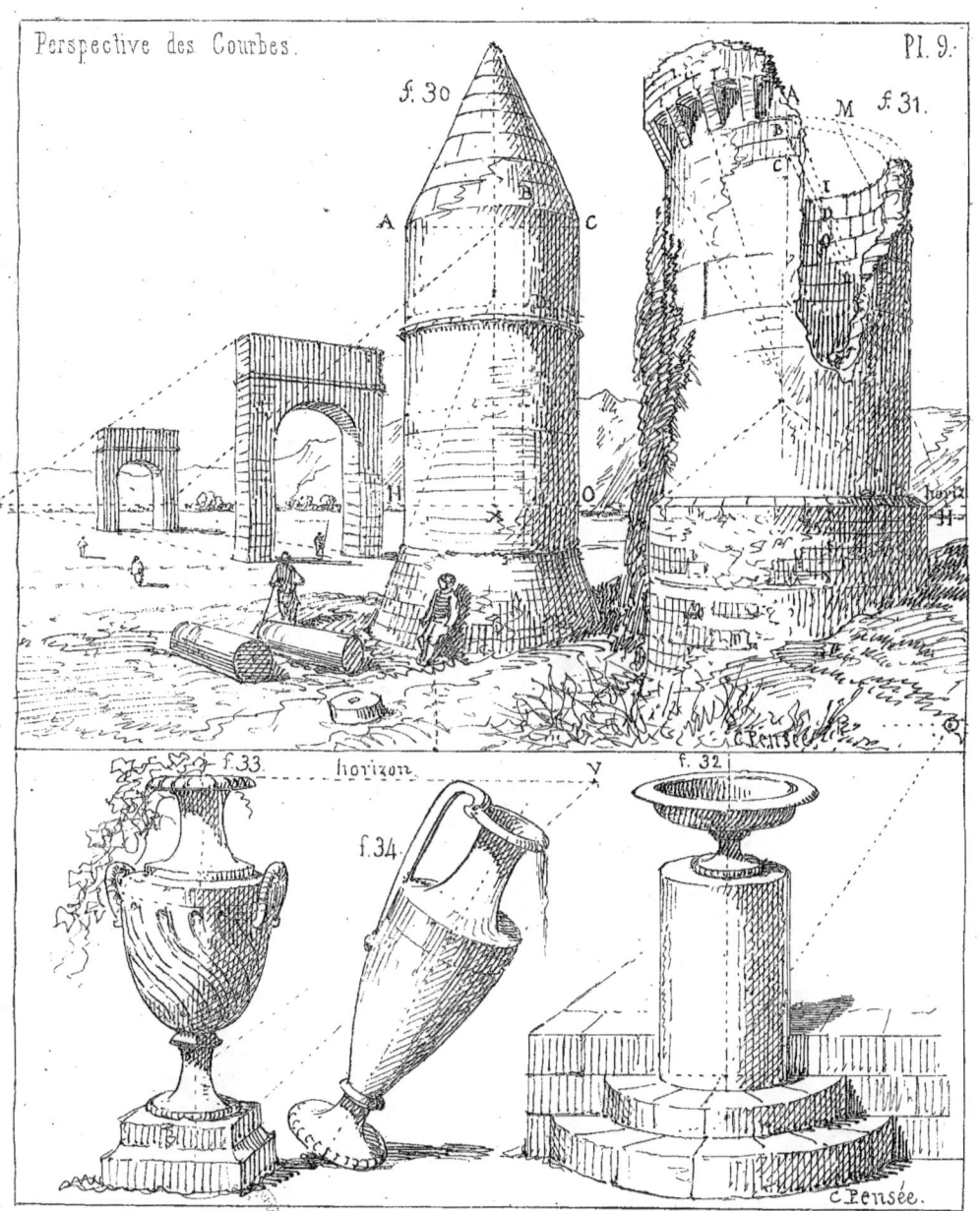

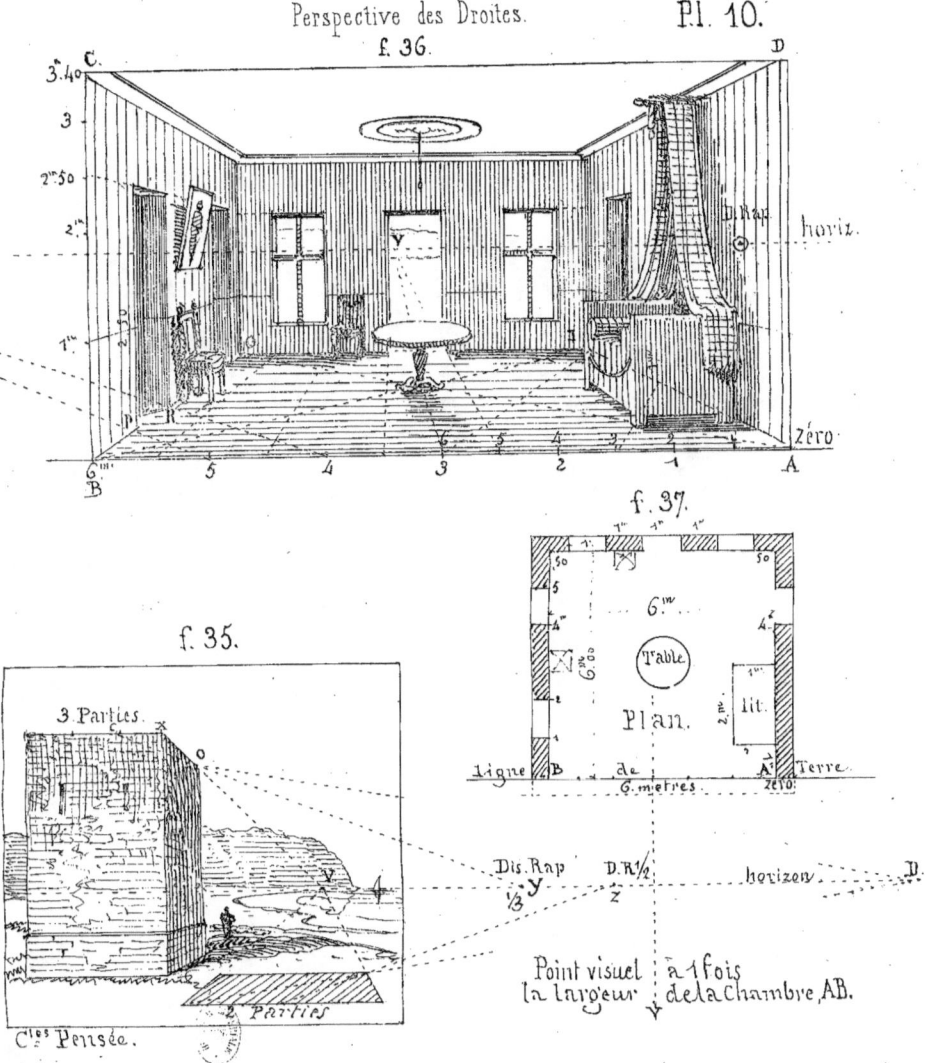

Perspective des Ombres.   Pl. 11

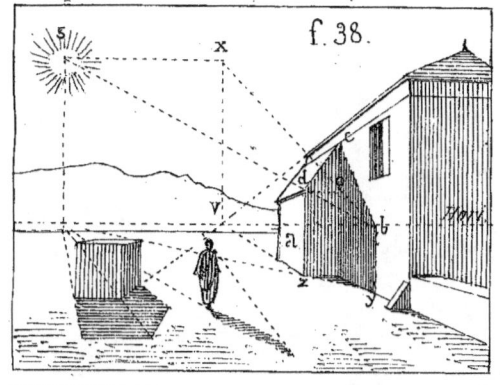

f. 38.   f. 39.

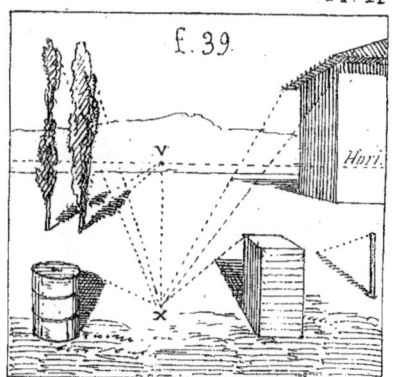

f. 40.   f. 41.

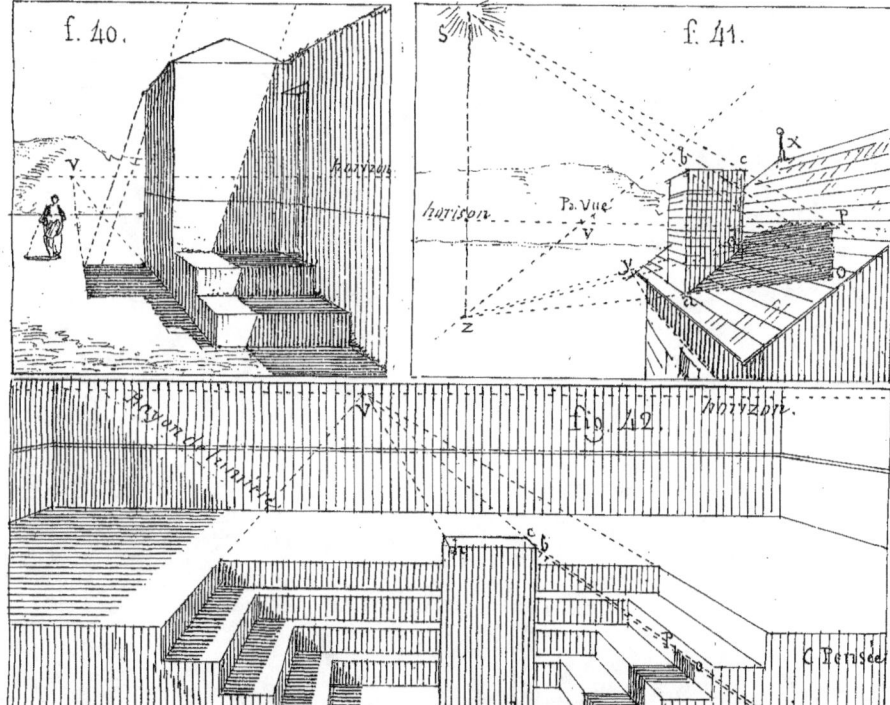

fig. 42.

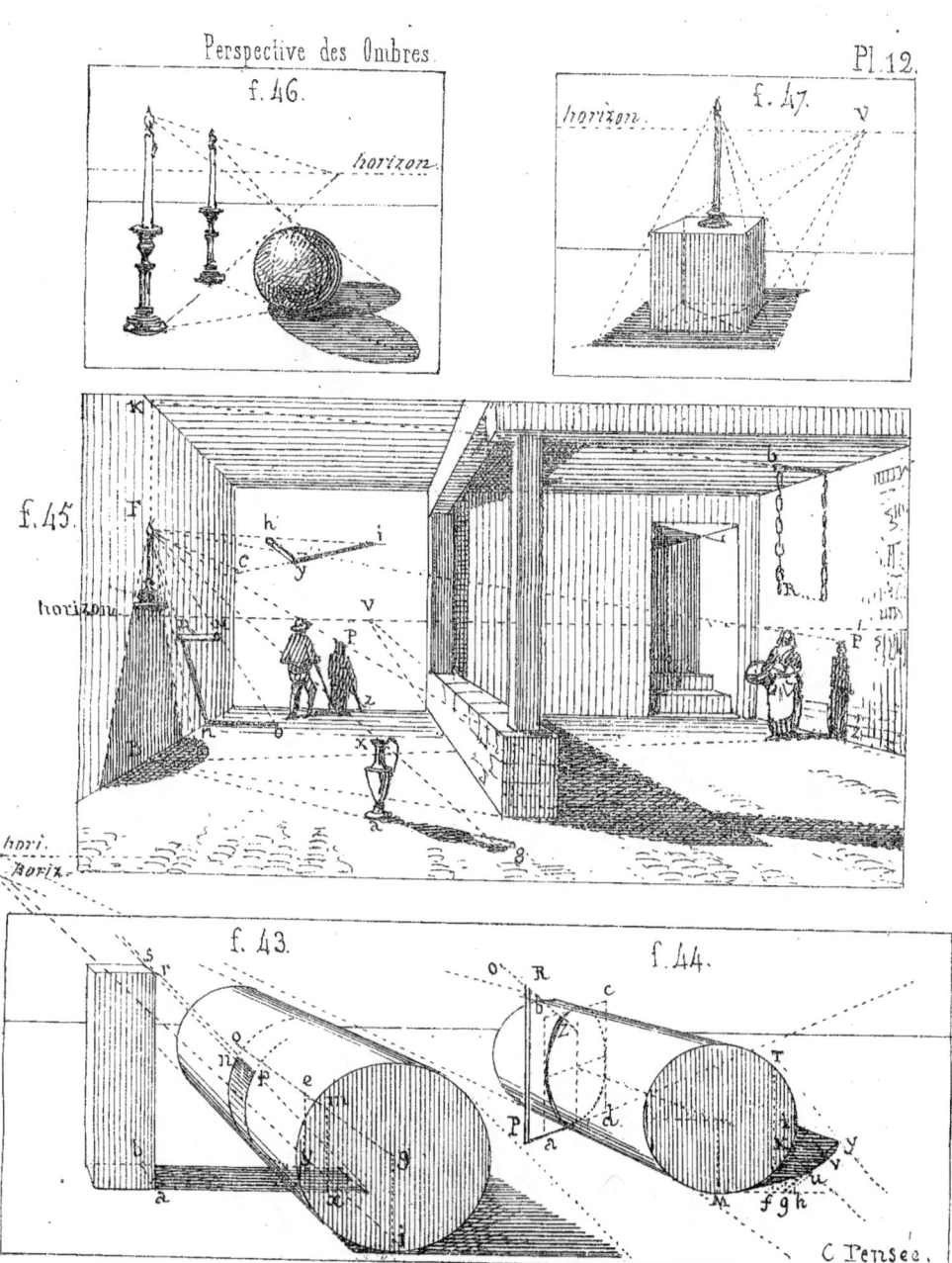

Perspective des lignes de refléxion dans l'eau. Pl. 13.

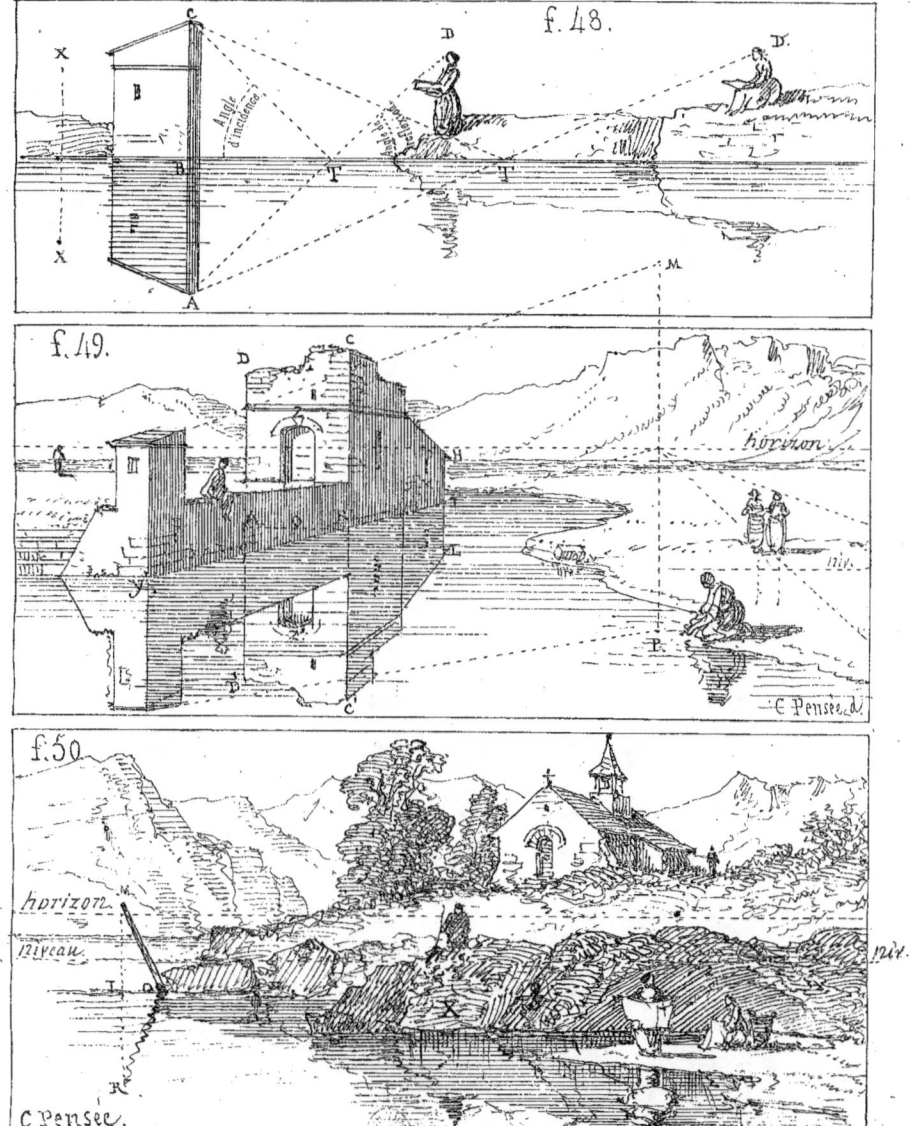

Perspective des lignes de réfléxion dans l'eau. Pl. 14.

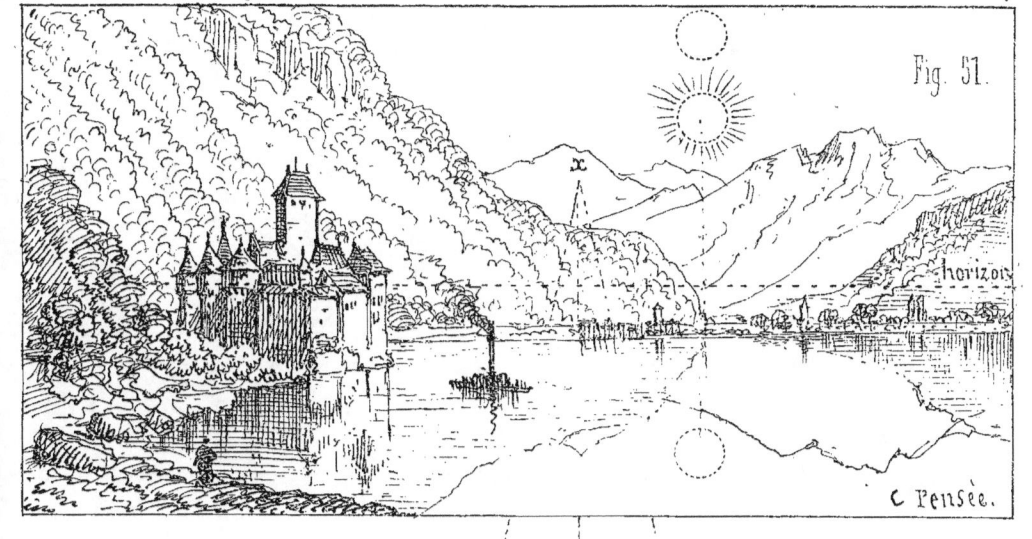

Fig. 51.

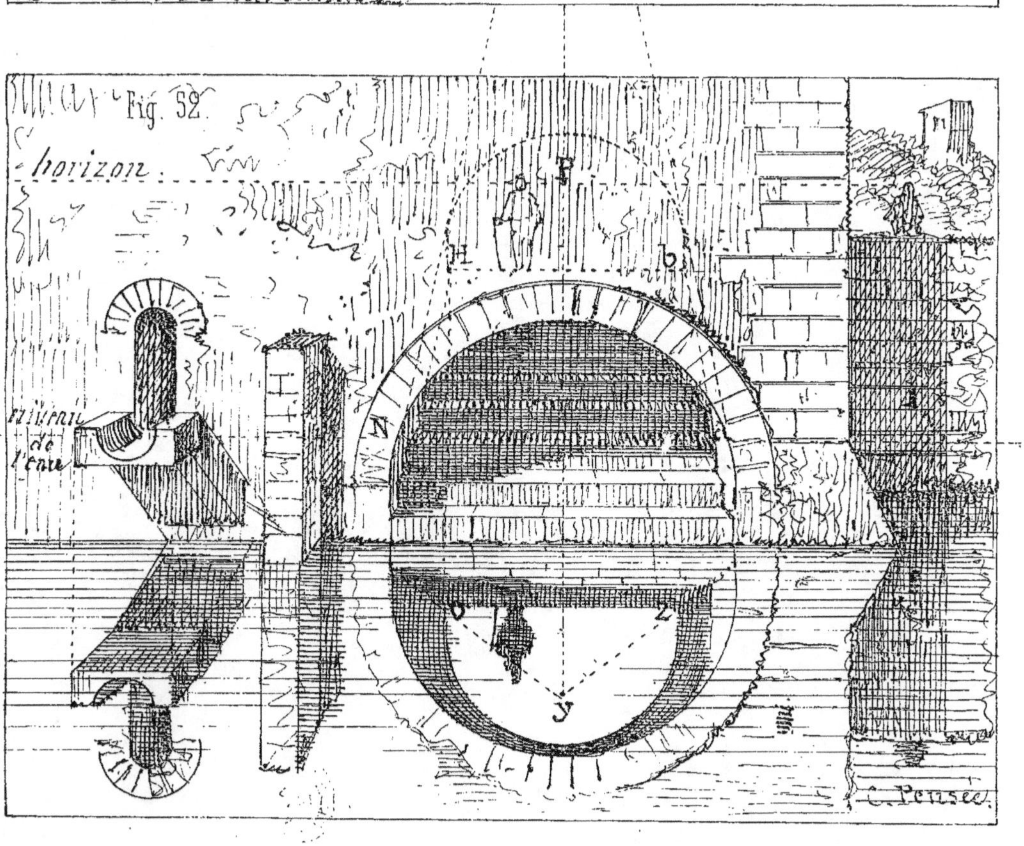

Fig. 52.

www.ingramcontent.com/pod-product-compliance
Lightning Source LLC
Chambersburg PA
CBHW070218230526
45471CB00002B/974